知識ゼロからの ビジネス統計学入門

多摩大学准教授 豊田裕貴

- 売上データを分析せよ
- 売上データを比較視点から分析せよ
- 2店舗の売上能力を比較せよ
- 顧客満足度を分析せよ
- 仮説視点でビジネスデータを活用せよ
- 表やグラフでビジネス仮説を検証せよ

幻冬舎

はじめに

　「統計学」と聞くと、おそらく難しい、面白くないなどのイメージが浮かぶ人は多いかも知れない。学校で学んだ統計学は、「壺のなかに白と赤の玉が5つずつ入っていて……」などと、恐ろしく非現実的な事例で解説が始まる。これで興味を感じた人はある種の天才だ。抽象の世界を楽しめるか、自分で興味のある事例に置き換えて楽しめる人だ。

　だが、ビジネスの世界は、抽象ではなくリアルな世界だ。忙しい時間の合間に勉強しようと思い立ったビジネスパーソンにとって、そういう学問としての統計学から始めるのはまどろっこしい。ビジネスでは抽象的でエレガントな数式ではなく、リアルで使える技として統計学をマスターするのが理想的だ。

　「使える統計学」。それも知識ゼロから統計学の技を覚えていこうというのが、本書が目指すアプローチだ。

　本書は、まずは何ができるかといった視点で、さらっと読み通して欲しい。もしくは気になった章から眺めてみて欲しい。細かな点ではなく、自分の仕事に置き換えたら何に使えるかといった視点で眺めて欲しい。そうすれば、統計学が実際にはとてもシンプルなものだということに気がつくだろう。

　そうなれば、あとは簡単だ。自分の興味のあるデータをいじっているうちに、統計学が便利な道具として使えるようになる。そのための第一歩として、本書が役に立てばうれしい。

多摩大学
経営情報学部准教授
豊田裕貴

知識ゼロからのビジネス統計学入門　Contents

はじめに ……………………………………………………………………… 1
統計学でデータを読み解きビジネス現場で活用する ……………… 8
ビジネスの知はデータに宿る ……………………………………… 10
ビジネスデータはビジネスヒントの宝庫 ………………………… 12

Mission1　売上データを分析せよ　　要約

1 統計学の得意技「要約」……………………………………………… 16
2 データをグラフ化して「平均」を見つける ……………………… 18
3 データがどれくらいばらついているかを示す「分散」の活用 …… 20
4 ばらつきに単位をつける「標準偏差」…………………………… 22
5 売れた日、売れなかった日を判断する方法とは? ……………… 24
6 「時系列データ」でトレンドの動きを把握する ………………… 26
7 周期性・季節性のあるデータの検討 ……………………………… 30
8 周期性・季節性を除き大きなトレンドを把握する ……………… 32

Column 1　意味ある結果を手に入れるために
　　　　　　データをいじれるスキルを身につけよう …………… 34

Mission2　売上データを比較視点から分析せよ　　　比較

1. データの評価には比較対象を用意する ……………………………… 38
2. 時系列データには折れ線グラフを活用する …………………………… 40
3. 手元のデータから新たな尺度を導き出す ……………………………… 42
4. 売上の"ばらつき方"を比較する「変動係数」 …………………………… 44
5. 異なる単位のデータを比較するには？………………………………… 46
6. 異なる単位のときは標準化して比較する ……………………………… 48
7. 「箱ひげ図」で異なるデータを比較する ………………………………… 50
8. 比較するとは仮説を立てることだ ……………………………………… 52

Column2　Excelの関数の活用 …………………………………………… 54

Mission3　2店舗の売上能力を比較せよ　　　推定

1. 2店舗の本当の売上能力を把握する「標準誤差」……………………… 58
2. 一部のデータでばらつきを比較する「不偏標準偏差」………………… 60
3. 一部のデータで売上能力を比較する …………………………………… 62
4. 売上能力を比較するとき誤る確率はどのくらい？……………………… 64

5 誤判断リスクをどこまで許容できるか「有意水準」……………… 66

6 サンプル数と検定結果との関係 …………………………………… 68

7 分析する対象の設定「母集団の設定」…………………………… 70

8 比較基準を変えると結果は根底から変わる …………………… 72

Column3　Excelのマクロの活用 …………………………………… 74

Mission4　顧客満足度を分析せよ　　変数の組み合わせ

1 顧客の満足度を把握する「CS調査」……………………………… 78

2 満足度に「重要度」を加える調査 ………………………………… 80

3 マッピングで問題点を視覚化する ……………………………… 82

4 セグメンテーション（顧客分類）の活用法 ……………………… 84

5 平均以外に着目したいデータの分布 …………………………… 86

6 ひとつのデータでも角度をかえて分析する …………………… 88

7 他社との比較からわかること「相対評価の重要性」…………… 90

8 時系列調査から強みと弱点をあぶり出す ……………………… 92

Column4　他者のプレゼン資料でプレゼンしてみよう ………… 94

Mission5　仮説視点でビジネスデータを活用せよ　　仮説

1 ビジネスデータ分析とポジショニング ……………………………… 98
2 目標を設定するために仮説を立てる ……………………………… 100
3 金額か個数か？ 売上向上の目標を設定する …………………… 102
4 仮説を文章化して原因と結果を明確にする……………………… 104
5 「量的データ」と「質的データ」で何を把握する？ ………………… 106
6 グラフで満足度の仮説を検証する ………………………………… 108
7 誤るリスクを踏まえて仮説を主張する …………………………… 110
8 仮説の検討は比較のみでは十分ではない ……………………… 112

Column5　消費者を分ける基準を工夫しよう ……………………… 114

Mission6　表やグラフでビジネス仮説を検証せよ　　仮説検証

1 "買い替え"の意向を把握せよ「クロス集計」……………………… 118
2 調査結果にはサンプル数が重要「カイ二乗検定」………………… 120
3 本当に買い替えたいと思っている人はどこにいる？
　「残差分析」………………………………………………………… 122

4 今使用しているモデルによって、
　新モデルの評価は変わるのか？·················124

5 新機種の採用にはどれくらいの評価が必要なのか？·········126

6 使用期間によって新機種の評価は変わるのか？·········128

7 男女に分けて新機種の評価を分析する··················130

8 グラフの結果を数値で主張する··················132

Column6 WEBを活用して情報収集しよう··················134

Mission7　売上を改善するヒントを探す　　モデル分析

1 売上をモデル分析で予測する··················138

2 1円の値上げをすると売上本数はどれだけ減少するのか？·········140

3 何が原因でどんな結果になったか"説明力"を示す··················142

4 競合の販売価格は売上本数にどれだけ影響するのか··················144

5 当たり前の結果が出たら「外れ値」に着目する··················146

6 チラシの有無は売上に影響を与えているのか？··················148

7 天気によって売上は違うのか？··················150

8 値引きの効果はあったといえるのか？··················152

おわりに……………………………………………………………… 154

索引………………………………………………………………… 155

参考文献…………………………………………………………… 159

統計学でデータを読み解き
ビジネス現場で活用する

ビジネスの現場にはたくさんのデータがあふれている。そのデータを使わない手はない。では、どのように分析をしていったら良いのか。売上目標を立てるにしても、会議でプレゼンを行うにしても、データ分析をしておくと説得力は異なってくる。
統計学を使って数字を分析し、その裏に隠されたビジネスヒントを獲得しよう。

データはあるけれど折れ線グラフにするのが一番わかりやすいのかな

なにを分析したいのかによっていろいろな手法があるみたいだぞ

ビジネスの知は
データに宿る

「ビジネスでの成功には、ビジネスパーソンとしての知識や経験が必要だ」という意見に声高に反論する人は少ないだろう。しかし、ビジネスパーソンとしての知識や経験はどうやったら効果的に得られるのか、という問いに十分な答えを持っている人がどれほどいるだろうか。これらに対しての答えを持っている人が、ビジネスで成功している人といえるだろう。

　もちろん、その方法は多種多様である。公私にわたる修羅場をくぐり抜けることで知識と経験を積むのもひとつの方法。MBAで理論やケースを学ぶというのもひとつの方法だ。どれも魅力的だが、ここでは「ビジネスデータから学ぶ」という方法を提案したい。

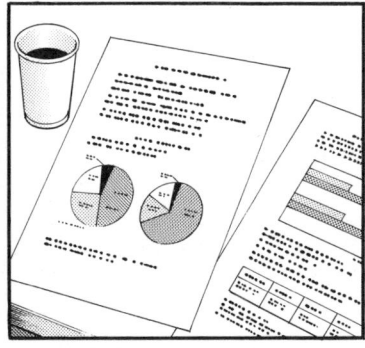

ビジネスデータには、さまざまなものがある。たとえば、売上やシェア、利益といったデータ。これらは、多くのビジネスパーソンの努力の結果が数字として記録された情報である。だとすれば、ビジネスデータを分析するとは、実は、ケースや歴史から学ぶことと同じ側面を持っている。つまり、多くの先人の知恵や工夫の結果から学べるという共通点だ。

　にもかかわらず、ケースや歴史に学ぶ人に比べて、データ分析のアプローチを採用する人が少ないのは、データ分析が「難しい」という誤った先入観があるからだ。実際には、データ分析の本質を理解してしまえば、あとは、ケースを読み解くのと一緒で、推理力と仮説構築力、そしてストーリー展開力での勝負になる。
　さあ、いくつかのMissionを通じて、データ分析の本質をケースと共に体感し、先人たちの知恵や経験を吸収する術を身につけていこう。

ビジネスデータは
ビジネスヒントの宝庫

　データ分析というと、数学や統計学など難しいのではないかという誤解がある。しかし、実際はそんなことはない。考え方さえわかってしまえば、使えるビジネスツールとしてデータ分析を駆使できる。ビジネスデータには無数のヒントが埋もれている。まずは、7つの Mission から、全体像を把握していこう。

Mission1　売上データを分析せよ 要約 ……………………… P.14〜

統計学の第一歩
まずは売上のデータを分析するか

Mission2　売上データを比較視点から分析せよ 比較 ……… P.36〜

せっかくのデータも
そのままでは
もったいない
比較する対象を見つけ
グラフにしてみよう

Mission3　2店舗の売上能力を比較せよ 推定 ………………… P.56〜

A店とB店の売上を比較したいのですがどこから手をつけたらいいのかわからなくて……

それなら一緒に順を追って見ていこう　比較するときに気をつけるポイントが見えてくるはずだ

Mission4　顧客満足度を分析せよ　変数の組み合わせ　　　　　　P.76〜

キミがオススメの店だけあって結構美味しいじゃないか

そうなんです

でも、顧客が満足するのは味だけじゃなくていろいろな要因があるんですよね

Mission5　仮説視点でビジネスデータを活用せよ　仮説　　　　　P.96〜

この美味しいワインをもっと多くの人に知ってほしいな

そうね、売上本数も売上金額ももっと目標を高く設定しないと

Mission6　表やグラフでビジネス仮説を検証せよ　仮説検証　　　P.116〜

最近はカメラ付きは当たり前で防水やさまざまな機能がついた携帯電話が続々と発表されているみたいだけど

実際に新しい機種に買い替えたいと思っている人はどのくらいいるんだろう

Mission7　売上を改善するヒントを探す　モデル分析　　　　　　P.136〜

うちの商品の売上が周りの影響をどのくらい受けているのか知りたいと思ってるんです

競合他社が値引したり天気によっても変化するんですかね

Mission1 要約

売上データを分析せよ

ビジネスの現場で取り扱うデータの種類はさまざまだが、なかでも売上に関するデータを目にすることは多いだろう。データをただ眺めているだけではもったいない。統計学の得意技は「平均」や「要約」だ。
Mission1では、売上金額や来店人数といった身近なデータを基に、データの全体像を把握するための「要約」をマスターしよう。

1 統計学の得意技「要約」 …………………………………… 16
2 データをグラフ化して「平均」を見つける ………………… 18
3 データがどれくらいばらついているかを示す「分散」の活用 …… 20
4 ばらつきに単位をつける「標準偏差」 ……………………… 22
5 売れた日、売れなかった日を判断する方法とは? ………… 24
6 「時系列データ」でトレンドの動きを把握する …………… 26
7 周期性・季節性のあるデータの検討 ………………………… 30
8 周期性・季節性を除き大きなトレンドを把握する ………… 32

ここでマスターする手法と考え方

☑ データの全体像を把握する(平均像) ▶ **平均**
☑ データの全体像を把握する(ばらつき) ▶ **分散・標準偏差**
☑ 時系列データの全体像を把握する ▶ **折れ線グラフ**
☑ 時系列データの周期性・季節性を加味する ▶ **比率、移動平均**

1 統計学の得意技「要約」

Key word　要約、平均

▶ データ分析の目的は、要約して全体傾向を把握

　ビジネスの現場では、取り扱うデータが増えることはあっても、減っていくことは考えにくい。皮肉なことに、目を通さなければならないデータが増えれば増えるほど、全体像はかえって見えにくくなってしまう。そのため必要となるのは、余分な情報を捨てる能力だ。そこで使えるのが、統計学のスキルである。

　統計学は難しいと思われがちだが、何のために統計学を使うかを考えれば、ビジネスで簡単に使える技が多いことに気づくだろう。まずは、統計学のひとつ目の得意技である**「要約」**をマスターしよう。

　要約といって真っ先に思いつくのは、**「平均」**だ。平均○○という言葉は、ビジネスの現場では年中耳にする言葉である。いまさらと思われるだろうが、平均とは**「すべてのデータを足して、データの個数で割ったもの」**だ。

　ただし、多用される平均といえども要約手法である以上、捨てられる情報があることは間違いない。平均を計算することでどんな情報が捨てられてしまうのか、次のページで考えてみよう。

平均値による全体像の把握

A

	売上金額(円)	来店人数(人)	最高気温(℃)	最低気温(℃)
20XX.6.1	378,160	580	22.1	16.6
20XX.6.2	307,744	652	26.2	15.5
20XX.6.3	295,914	447	24.4	20.5
20XX.6.4	439,140	563	23.5	20.2
20XX.6.5	436,356	782	21.8	19.2
20XX.6.6	210,375	495	24.2	18.1
(中略)	(中略)	(中略)	(中略)	(中略)
20XX.6.30	199,100	362	25.7	21.2
平均	361,367.67	616.27	25.80	19.99

要約するとは、列方向(縦方向)にデータを圧縮すること。これを見れば、この店舗の売上が毎日約36万円強、来店者は620人弱ということがわかる。これでどれくらいの規模の店舗か、大まかにイメージできるだろう。

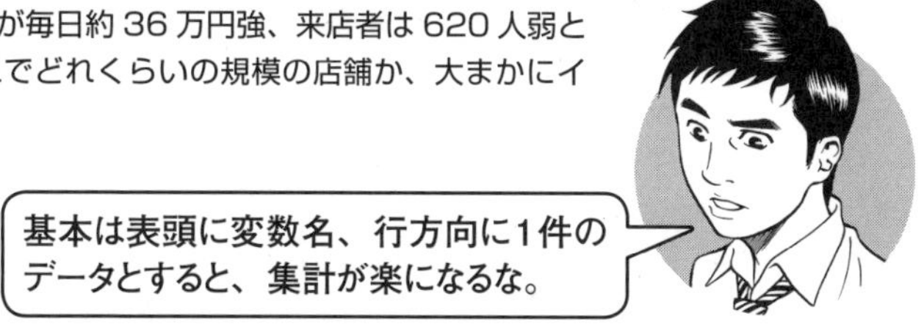

基本は表頭に変数名、行方向に1件のデータとすると、集計が楽になるな。

統計力 UP!

統計学を使うひとつの重要な目的は、「要約」だ。適切にデータを要約できれば、大量のデータからわかりやすい資料を作成できる。

ONE POINT

表計算ソフトを使ってみよう

　Excelなどの表計算ソフトは、とても便利だが、以下のような入力形式を想定しているためスタンダードな方法を守っておかないと、非常に使い勝手が悪くなってしまう。

　その形式とは、1行(横方向)に1件のデータを入れていくというスタイルだ。上の表のように、一番上の行には変数名(どんなデータかのラベル)が入り、次の行から、1行に1日のデータが入力される。まずは、この形式をマスターしよう。

2 データをグラフ化して「平均」を見つける

🔒 **Key word** データの視覚化、折れ線グラフ、平均からのズレ

- まずはデータをグラフにしてみる
- ばらつきは何を表しているのか？
- 折れ線グラフからわかることは？

▶データの全体像を把握するにはグラフが有効

　まずは、右ページのグラフを見てみよう。中心を横につらぬく直線が「平均」だ。この平均線より上下にズレているのが**「平均されることで失われる情報」**である。それはつまり、**「データのばらつきの情報」**であることがわかるだろう。

　売上などのビジネスデータは、単に全体像の把握だけでは十分ではない。平均より多い日や少ない日がどれくらいあるか、また、その上下の幅がどれくらいの大きさなのかを知っておく必要がある。

●ばらつきから読み取る

　加えて、**ばらつきの連続傾向**を把握する。つまり、平均より多い日が続くのか、少ない日が続くのか、それとも多い日少ない日が不規則に繰り返されるのかなど、パターンを見つけることが重要だ。

　たとえば、右の折れ線グラフでは、大きく売れた日ののち、数日は売上が下降

するような傾向が見られる。こういうパターンに気づけば、「この売上が大きかった日が特売日。その後の数日は、買いだめ効果で売上が減っているとしたら、**特売の効果**は、単にその後数日分の売上を前倒しで得ただけかもしれない」というような仮説につながる。

　重要なことは、データが多すぎても、いきなり要約してしまわないこと。要約は、便利な側面と危険な側面がある〝諸刃の剣〟だと心しておこう。

時系列データ（売上金額）の折れ線グラフによる分析

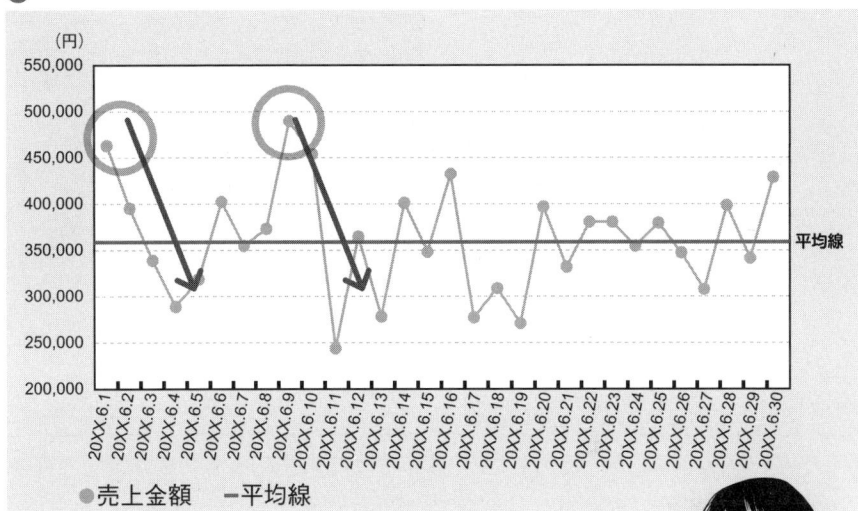

日々の売上を折れ線グラフにし、平均の線を追加してみた。日によっては、平均から大きく離れていることがわかるだろう。平均のみを見ることは、平均からのズレの情報を捨ててしまうということだ。

> グラフ化すると、大きく売れた日のあとは、
> 売上減少が続くといった傾向を発見できるわ。
> データをビジネスに活かすポイントのひとつは、パターンを発見することね。

統計力UP!

　データを適切に視覚化（グラフ化）できれば、わかりやすさが一気にアップする。ただし、より効果的なグラフにするには、「補助線」を追加することだ。上の場合には、折れ線グラフに平均値の線を補助線として追加することで、平均とデータ全体の動きとの関係が見やすくなっている。

Mission 1　売上データを分析せよ

3 データがどれくらいばらついているかを示す「分散」の活用

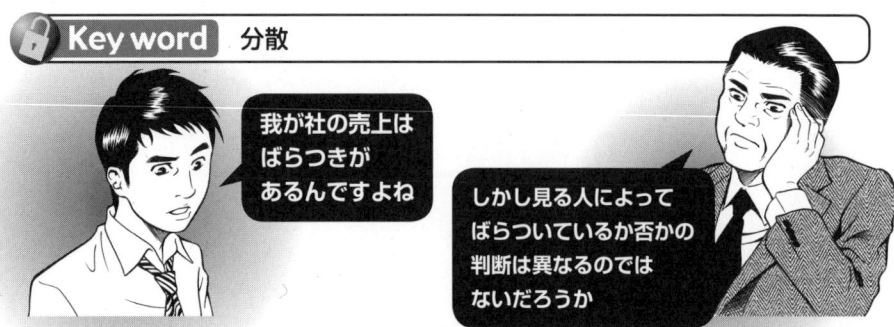

▶分散は平均からデータのばらつきを把握する指標

　前項で見たとおり、平均という要約を使えば、平均以上、平均以下といったデータのばらつきの情報が捨てられてしまう。この捨てられるばらつきに着目するのが、**「分散」**という指標で、データ分析では非常によく使われる。

　分散とは、右ページのように求めるが、あまり難しく考える必要はない。単に、平均の周りにデータが集まっていれば分散が小さく、平均から離れてデータが散らばっていれば分散が大きくなるということだ。重要なのは、**平均によって失われた「ばらつき」**という視点に着目している点である。

● ばらつきはあって良いのか？ ……………………………………………

　ただし、分散 (ばらつき) は大きいほうが良いとか、小さいほうが良いとかいうものではない。価値判断は、そのデータの置かれた文脈に依存する。ビジネスデータ分析の極意は、与えられた指標 (この場合は分散) が何を意味しているかを考えることにある。

分散の求め方

分散の計算式

分散=Σ(個々のデータの値－平均)²/データの個数

つまり
① 個々のデータがどれくらい平均から多いのか少ないのかを計算
② それを全データ分足す。そのまま足すと合計がゼロになってしまうので二乗してから足す
③ データの個数で割る(平均を取る)→分散

Excelの関数による計算方法

=varp( ) のカッコの中に、分析したい範囲のセルを指定する

Ⓐ

	売上金額(円)	平均からのズレ	ズレを二乗したもの
20XX.6.1	378,160	16792.33	281982346.8289
20XX.6.2	307,744	－53623.67	2875497984.2689
(中略)	(中略)	(中略)	(中略)
20XX.6.30	199,100	－162267.67	26330796727.2289
平均	361,367.67	分散	3466376689.82

日々の売上から平均を引いたものが平均からのズレ。では、日々の売上がどれくらい平均からズレているのかを計算してみましょう。ただし、この平均からのズレは±が混在し、平均をとると0になってしまうので、二乗してから平均をとります。それが分散なんですね。

統計力UP!

上の表の分散を見ると、計算途中で「二乗」しているため、3466376689.82と、とても大きな値になっていることがわかる。分散は平均からのズレを示した指標ではあるが、この値を使って何か報告書を書いたり、プレゼンテーションをしても、相手にとっては、直感的にわかりにくいだろう。

次項では、データのばらつき(分散)を、より感覚としてわかりやすい指標に変換してみよう。

4 ばらつきに単位をつける「標準偏差」

Key word　標準偏差

▶ データは単位をつけるとぐっと理解しやすくなる

　たとえば、売上高を読む際、元の単位が「円」なら、平均値の単位も「円」であるから、特に説明しなくても理解しやすい。それに対して、分散は途中で二乗してしまうため、元の単位の二乗「円²」という意味のないものになり、理解が難しくなる。

　ならば、分散も元の単位に戻す処理ができれば、よりわかりやすいばらつきの指標になるだろう。そこで考えられたのが、**「標準偏差」**だ。

　標準偏差は、分散の平方根をとったもの（√分散）である。この処理によって、二乗された単位「円²」が元の単位「円」に戻り、とてもわかりやすくなる。

　具体的には、右表のように標準偏差を説明するだけで、データのばらつきについて、聞き手もすぐに理解できるだろう。

| 標準偏差の求め方 | Excelで求める場合には、分散=varp( )を用いる。
標準偏差は=stdevp( )という関数で、ダイレクトに求められる。 |

「標準偏差」を使ってデータ分析に挑戦！

Ⓐ

	売上金額（円）	来店人数（人）	最高気温（℃）	最低気温（℃）
20XX.6.1	378,160	580	22.1	16.6
20XX.6.2	307,744	652	26.2	15.5
（中略）	（中略）	（中略）	（中略）	（中略）
20XX.6.30	199,100	362	25.7	21.2
平均	361,367.67	616.27	25.80	19.99
標準偏差	58,875.94	59.35	2.76	2.07

上記のデータがあれば、次のような説明ができるだろう。

> この店舗の6月期の売上は、平均約36万1368円でした。

> 売上は平均より多い日も少ない日もある。標準偏差を見れば、1日あたりのばらつきが約5万8876円であることがわかるな。

> つまり、平均36万1368円に対して±5万8876円ほどの上下変動が、この店の売上の傾向ということになります。

> 同様に、来店人数については、期間平均が約616人、日々59人程度の上下のばらつきがあることがわかります。したがって……。

いかがだろうか。このような説明なら、統計学を知らない相手にも、うまくばらつきの情報を使った提案ができる。

統計力UP！

標準偏差は、平均からのデータのばらつきを単位付きで評価できる便利な指標だ。一般的には、平均±標準偏差〔上の売上金額の例では、361,368 ± 58,876（円）〕と表記され、平均で捨てられたばらつきの情報を付与するように用いられる。

（Mission 1 売上データを分析せよ）

5 売れた日、売れなかった日を判断する方法とは？

Key word 標準偏差、偏差値

- 平均より多い、少ないというとき、特別その日はよく売れたと思って良いのか？
- 多少の増減はよくあることなのか？
- 標準偏差は何を表している？

▶標準偏差は、期間内・データ内での平均的なズレの指標

　ビジネスデータにはばらつきがあるのは普通である。そのため、平均からわずかに多かったり少なかったりしただけで、「今日はいつもより売れていた（売れていなかった）」とは判断しないはずだ。これは、ある期間内のばらつきについて、無意識に〝いつも〟ということを用いているためである。

　つまり、「いつもより」というときに２つの「いつも」を意識している。ひとつ目の「いつも」とは**平均**であり、もうひとつの「いつも」は**標準偏差**である。

●標準偏差の求め方

　右表は、売上金額について日々の金額が平均からどれくらいズレているかを計算したものと、そのズレを標準偏差で割ったものをリスト化したものだ。

　たとえば、６月１日を見てみよう。この日のズレ÷標準偏差（100646.33÷58875.94）は、1.71。つまり、６月の30日間の平均的なズレ（±58875.94円）よりも、1.71倍、上にズレていることを示している。

　このように、**「期間内のズレの平均（標準偏差）＝いつものズレの大きさ」**とすれば、「平均的なズレの1.71倍も、いつも以上に売れた」と判断できる。

「いつもより売れた」ことを証明するには？

Ⓑ

	売上金額(円)	平均からのズレ	平均からのズレ／標準偏差	偏差値
20XX.6.1	378,160	100646.33	1.71	67.1
20XX.6.2	307,744	32663.33	0.55	55.5
20XX.6.3	259,914	−22627.67	−0.38	46.2
20XX.6.4	439,140	−72328.67	−1.23	37.7
⋮	⋮	⋮	⋮	⋮
20XX.6.29	344,613	−16754.67	−0.28	47.2
20XX.6.30	427,403	66035.33	1.12	61.2
平均	361,367.67	-	-	-
標準偏差	58,875.94	-	-	-

平均からのズレ／標準偏差＝1を超えてくると、普段以上に売れたという印象になる。このズレが標準偏差の何個分のズレなのか、といった考えを使ったのが、「偏差値」だ。

偏差値とは、
50+平均からのズレ÷標準偏差×10で求められる。
6月1日の売上金額の偏差値は、**50+1.71×10=67.1**
6月2日の売上金額の偏差値は、**50+0.55×10=55.5**
6月3日の売上金額の偏差値は、**50+(−0.38)×10=46.2**

とすれば、偏差値40から60の範囲が、ほぼ一般像。それを下回ったり、上回ったりした日のデータが、特に売れなかった、もしくは特に売れていた日と判断できるわけね。

統計力 UP!

標準偏差を用いて、日々のデータが平均からどれくらいズレたかを理解するには、偏差値は便利な指標だ。

Mission 1　売上データを分析せよ

6 「時系列データ」でトレンドの動きを把握する

🔒 **Key word** 　時系列データ、折れ線グラフ、周期性、トレンド

▶時系列データは、必ず折れ線グラフで動きをとらえよう

「時系列データ」は、単にデータを集めたものではなく、その順序に意味がある。これまで見たとおり、要約には「平均」や「分散・標準偏差」を用いるが、これらの要約手法では、データの出現順序の情報は捨てられてしまう。

そこで、この出現順序を視覚的に把握するためには、折れ線グラフを用いるのが有効だ。右のグラフは、これまで見てきた20XX年6月期の売上金額を折れ線グラフにしたものである。

●補助線を入れて見えてくるもの

なお、P.19で述べたようにグラフには適切な補助線を入れると、よりわかりやすくなることが少なくない。今回は、ばらつきの変化をわかりやすくするために、2本の補助線を入れてみた。大きな流れとして、月末に向けてばらつきが小さくなっていることがわかるだろう。

このようにトレンドを把握するには、補助線の利用が有効だ。まずは「どこにどうやって補助線を入れればいいのか？」などと厳密に考えすぎずに、どんどん自由に書き込んでいこう。データはビジネスマンとしての経験から、自由な感性で眺めてみた方が、意外な発見につながるものである。

時系列データ（売上金額）の折れ線グラフによる分析

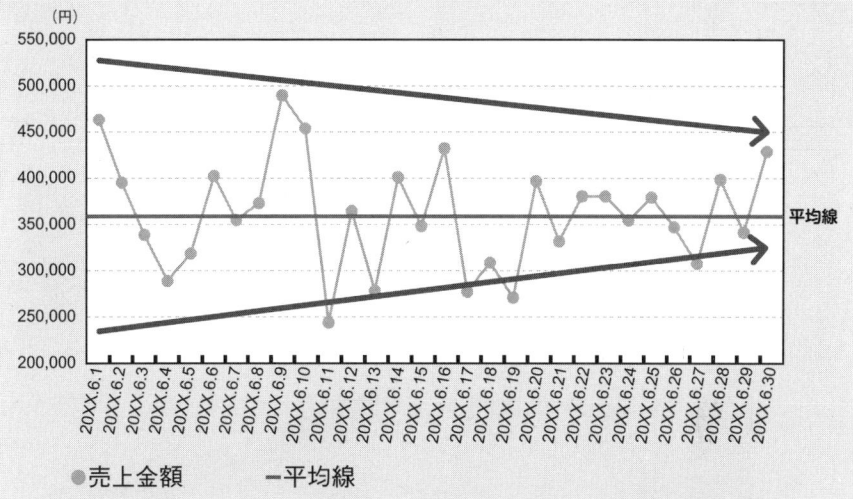

このように時系列データには、大きなトレンドの可能性と、それが繰り返される周期性とに分けられる。次ページでは、周期性に着目した分析を考えてみよう。

> 上記のデータは、6月期のデータね。月末に向けて売上の上下のばらつきが小さくなるという傾向は、7月にも継続されるのかしら？ つまり7月に入ると月初には、ふたたび上下のばらつきが増して、また月末に向けて、ばらつきが小さくなるのかしら？

統計力 UP!

グラフには補助線をどんどん追加してみよう。そうすると、見えなかった知見が浮かび上がることがある。

ONE POINT

株価データの分析

時系列データの視覚化や分析のノウハウがあるのは、株価のデータ分析だ。株で使われる各種チャートを応用できるか考えると、自分のテーマに合った手法を見つけやすくなる。

▶時系列データから「周期性」を見つけ出す

　時系列データの周期性には、曜日効果の**「7日周期」**や、1ヵ月周期の**「月効果」**、3ヵ月周期の**「四半期効果」**、12ヵ月周期の**「年効果」**など、いくつもの周期がある。多くは、季節性と呼ばれるもので、季節に関わる対象のデータほど、この傾向が強く表れる。

　右図は、四半期ごとに売上金額を集計し、その推移を折れ線グラフで視覚化したものだ。一見してわかるとおり、明らかに4データごとの3ヵ月周期でパターンがあることがわかる。これが典型的な「四半期効果」である。気温や気候変動が四季で異なる日本の場合、よく見られるパターンだ。

　この四半期ごとに周期性があるデータを眺めると、第1四半期から「中、やや低い中、少ない（底）、多い」のパターンが見られるが、必ずしもこのパターンとはいえない。実際、07年度第1四半期からは、第2四半期が〝少ない（底）〟に変化してきていることがわかる。

　重要なのは、単にグラフ上で何期による周期性が作られているかを確認するだけではなく、意味の上から何期を1周期とすべきかを考えることである。この場合、3ヵ月ごとに集計されており、年単位で何かの周期があるのではないかと考えるからこそ、4つのデータ地点ごとに周期を設定しているのである。

周期性のある時系列データ（売上金額）の折れ線グラフによる分析

Mission 1　売上データを分析せよ

C

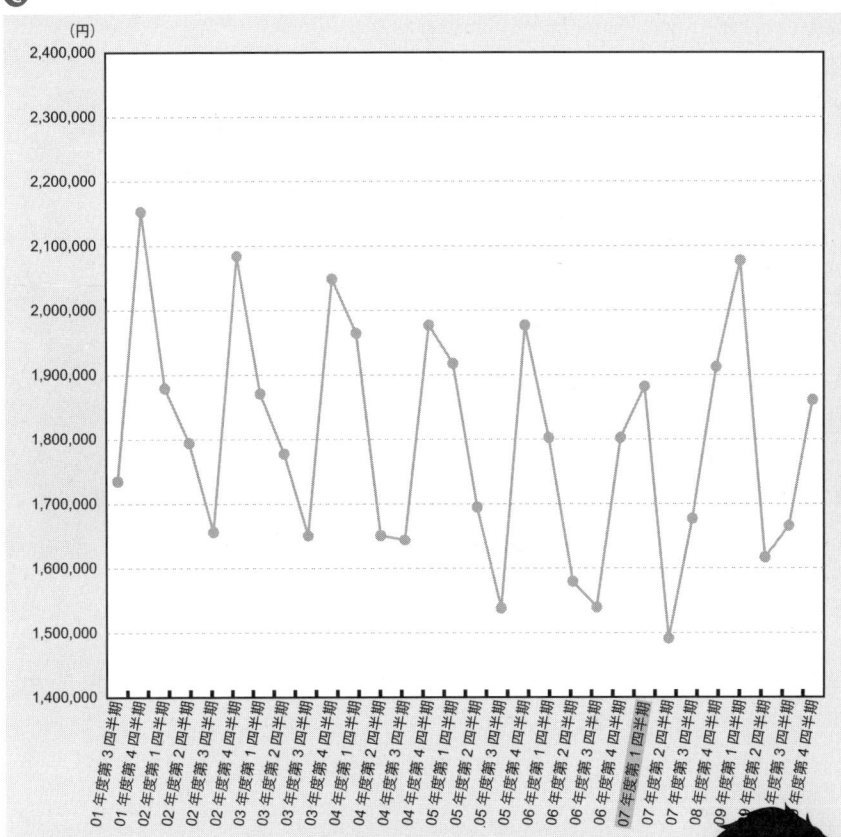

　周期性が見られるデータでも、なぜ周期性が現れるのかを考えることが大切である。3ヵ月ごとの周期では、四季の要因が考えられるが、7日周期や12ヵ月周期では、どういう要因が考えられるだろうか。

> これら暦上の周期性以外に、自分が携わるビジネスでは、どんな周期があるかも考えておくことが必要だな。

統計力UP!

　周期性があるデータで、ある期の売上が多いか否かは、全期間の平均と比較してもあまり意味がないことがある。それはなぜか？
　答えは、次項にて。

7 周期性・季節性のあるデータの検討

🔒 Key word　比率、前同時期比較

このデータの結果から季節ごとに周期があることが読み取れるな
前の同じ時期と比較してみてはどうだろう

同じ時期との比較なら季節性が取り除けるということね

▶「今期の値／前同時期の値」で伸び率を計算し、周期性を削除する

　右のグラフは、下記の四半期データの02－03年度データを基に作成したものである。このデータで02年度第4四半期の売上は210万円弱と、02年度第3四半期に比べ、大きく数字を伸ばしている。ただし、この売上の伸びをその値のまま評価するビジネスパーソンはほとんどいないだろう。

　というのは、この店舗にとって、第4四半期は、基本的に売上が多い四半期で、第3四半期のデータより売上が多いことは当然期待されているからだ。となれば、当然第3四半期以外との比較が必要になる。

　ひとつの案は、01年度の第4四半期との比較だ。右図では、売上金額の推移に合わせて、■の線で対前同四半期による売上金額の伸び率を示している。この値が「1」以上の時、同四半期の前期よりも売上が伸びていることになる。

　02年度第4四半期は「1」を下回っており、必ずしも売上が伸びたとは言い難いことを示している。

時　点	売上金額(円)
02年度第1四半期	1,886,906
02年度第2四半期	1,802,650
02年度第3四半期	1,662,629
02年度第4四半期	2,093,967
03年度第1四半期	1,879,257
03年度第2四半期	1,783,863
03年度第3四半期	1,655,914
03年度第4四半期	2,058,792

対前期との比較

■で表された点は、対前同四半期による売上金額の伸び率である。

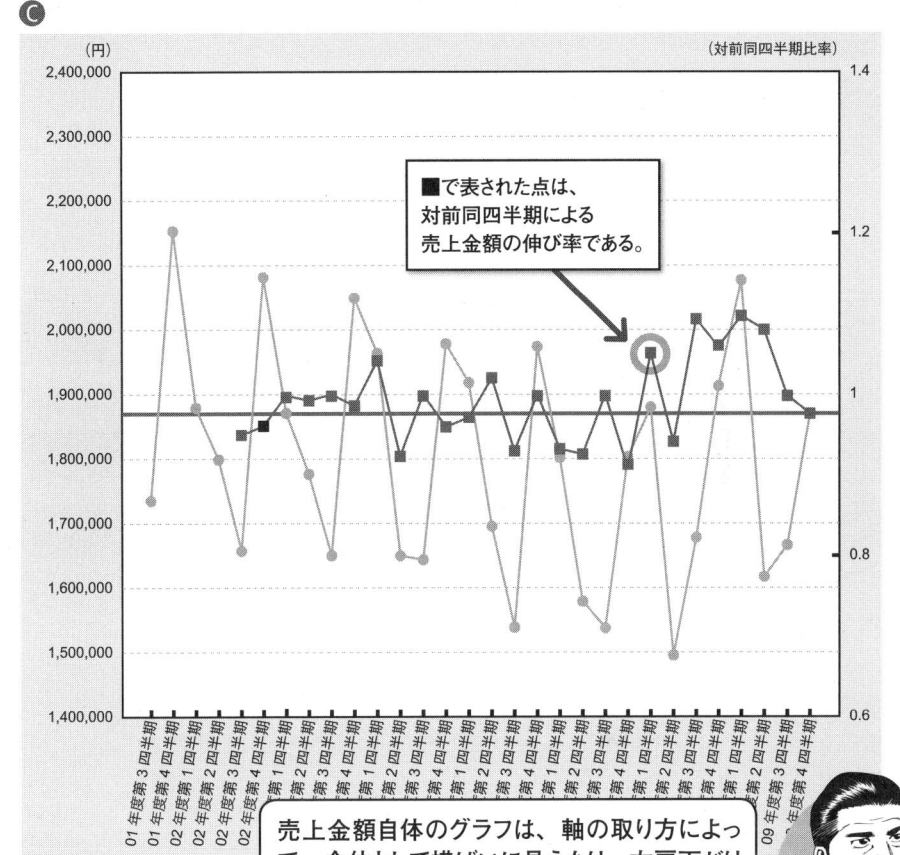

売上金額自体のグラフは、軸の取り方によって、全体として横ばいに見えたり、右肩下がりに見えたりと印象が異なることがある。

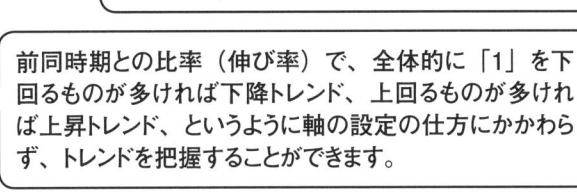

前同時期との比率（伸び率）で、全体的に「1」を下回るものが多ければ下降トレンド、上回るものが多ければ上昇トレンド、というように軸の設定の仕方にかかわらず、トレンドを把握することができます。

統計力UP!

周期性がありそうなデータは、個々のデータの検討のみでは危険だ。まずは、対前同時期のデータと比較することを考えよう。

8 周期性・季節性を除き大きなトレンドを把握する

Key word 移動平均

- 前年の同じ時期と平均を比較してわかることとは？
- 売上の伸びを知るためには？
- 移動平均とは何か？

▶周期性のあるデータの分析には、移動平均も効果的

　周期性のあるデータでは、対象となる期の前後に、幅を持たせて平均をとる**「移動平均」**という手法が用いられることがある。

　計算の仕方の前に、周期が何期であるか、そしてそれが偶数周期か奇数周期かを判断しなければならない。

　この例では、4期で偶数期であり、以下のように移動平均が計算される。

```
02年度 第1四半期の移動平均
＝(01年度 第3四半期 ÷ 2
　＋01年度 第4四半期 ＋ 02年度 第1四半期 ＋ 02年度 第2四半期
　＋02年度 第3四半期 ÷ 2)
　÷ 4
```

　つまり、対象とする期を真ん中にして前後の四半期のデータを足し、4で割った値で判断しようというものである。ややわかりにくいのは、周期が偶数でちょうど真ん中に設定できないので、2期前と2期後を半分ずつ足しているためだが、考え方はとてもシンプルである。

　右図の■で結んだ線が**移動平均**である。周期性がならされ滑らかな線として売上金額の推移が表されていることがわかる。この移動平均の値を用いれば、直前期から売上金額が伸びたか否かを把握することができる。

移動平均と時系列比較

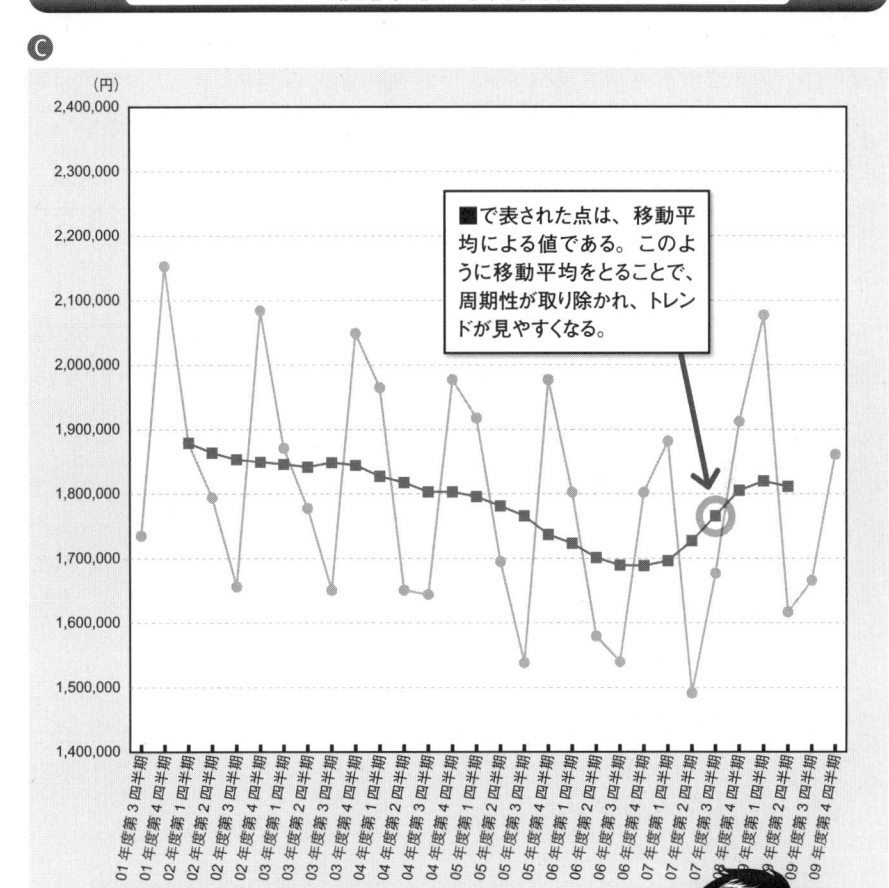

C

■で表された点は、移動平均による値である。このように移動平均をとることで、周期性が取り除かれ、トレンドが見やすくなる。

この例では、06年度第4四半期まで下降トレンドが続き、その後、上昇トレンドに転じていることがわかる。このように全体の構造変化をつかむためには、移動平均は便利な指標だ。

統計力UP!

周期性が奇数期ならちょうど真ん中を設定できるため、よりわかりやすいだろう。たとえば、5期の周期なら、対象期の値に、前々期、前期、次期、次々期の値を足し、5で割ればよいことになる。

Mission 1 売上データを分析せよ

Column 1

意味ある結果を手に入れるために
データをいじれるスキルを
身につけよう

▶Excel 活用による作業効率 UP

　データ分析の作業を大別すると、①データの準備（入力や複数のデータからデータセットを作るなど）→②分析→③分析結果の解釈・活用となる。しかし、活用できるような結果が出なければ①に戻り、この作業は繰り返される。

　もちろん、ビジネスデータは、分析自体が目的ではなく、その結果の活用が目的だから、③がうまくいかなければ、①や②に戻らなければならない。

　さて、このプロセスで、③だけ自分で行い、①と②を誰かに任せているとどうなるだろうか。自分が「面白い知見だ」と思える判断基準を、①、②を行う人と共有できない限り、効率が非常に悪くなってしまう。可能な限り、①、②も自分でできるようにスキルを身につけたい。

> データ分析してみました
> 見てもらえますでしょうか

データ分析に慣れていない人にとって、①、②を自分で行うのはハードルが高く感じられるかもしれない。ただし、実際にビジネスデータ分析で必要な処理はそれほど多くない。特に Excel をうまく使いこなせれば、思った以上に簡単に処理できるだけではなく、自分だけの知見を見つけられる可能性が高まるだろう。

　とはいえ、いきなり網羅的な Excel のテキストを購入し、1 ページ目から勉強することはおすすめしない。いつまでたっても、自分が必要な機能にはたどり着かない可能性があるからだ。

　そこでまず利用したいのは、関数とマクロだ。これらを使って、作業効率が UP した分、結果の読み込みと、プレゼンの工夫に時間を確保しよう！

「どうした？悩んでいるようだな」

「う〜ん……」

「データ分析をしたくてこの本を買ったんですがまだ最初の数ページまでしか読めていなくてどこから手をつけたらいいやら」

「はじめから読んでいたらキリがないぞまずは関数とマクロを使って実際にエクセルをいじってみろ」

Mission2 比較

売上データを比較視点から分析せよ

「今日はいつもより売上が多かった」「今期は予想より来店人数が少なかった」など、データ分析で重要なのは「比較」をすること。同じような成績の2つの店舗でも、来店人数や売上金額で比べると新しい知見が得られる。この場合、「いつもより」「予想より」など、基準となるものと比較して判断することが大切だ。

Mission2では、「比較」という視点を導入する。計算式を使って、手元にあるデータを比べてみよう。

> チラシを出すとどのくらい売上金額が変わるのかしら

ここでマスターする手法と考え方

- ☑ 自社（自店）のデータを評価する ▶ **比較対象（他社、他店）データを用意**
- ☑ 手元のデータから異なる見方を作成する ▶ **尺度の作成**
- ☑ 異なる対象のばらつきを比較する ▶ **変動係数**
- ☑ 異なる単位のデータを比較する ▶ **標準化**
- ☑ データのばらつき方を図で比較する ▶ **箱ひげ図**
- ☑ 比較基準を見つけるための視点 ▶ **仮説の視点**

あの2つの店は規模が違う売上を比較するときはどうしたらいいんだろう

1. データの評価には比較対象を用意する …………………… 38
2. 時系列データには折れ線グラフを活用する …………………… 40
3. 手元のデータから新たな尺度を導き出す …………………… 42
4. 売上の"ばらつき方"を比較する「変動係数」 …………………… 44
5. 異なる単位のデータを比較するには？ …………………… 46
6. 異なる単位のときは標準化して比較する …………………… 48
7. 「箱ひげ図」で異なるデータを比較する …………………… 50
8. 比較するとは仮説を立てることだ …………………… 52

1 データの評価には比較対象を用意する

> **Key word**　平均、比較

> 最近の我が社の売上はどうなっているんだね

> このところ増加傾向が続き順調な成長をみせています
> しかしライバル社の売上も伸びているとしたら
> 相対的には競争力が落ちているかもしれません

▶比較することでより多面的な知見を得ることができる

　ビジネスデータは「ビジネス」としての視点なしには評価し得ない。仮に自社・自店の売上が伸びていても、マーケット全体や競合他社の売上がそれ以上に伸びていれば、相対的には売上が減っていることになる。ビジネスデータの評価は、「絶対的な値」のみではなく、「相対的な値」の評価も必要となるのだ。つまりビジネスデータの分析で重要な視点のひとつは**「比較」**である。

●2つの店舗を比較してみる

　Mission2では、自店舗（A店）のデータを同系列の他店舗（B店）と比較することで、何が見えてくるかを考えていこう。右表は、売上金額と来店人数について、A店とB店の6月期のデータ（一部抜粋）とその要約指標〔平均（P.16参照）と標準偏差（P.22参照）〕をまとめたものである。
　平均値をみると、売上金額、来店人数ともにほぼ同規模の店舗であることがわかる。
　もし、A店（自社）が6月期に売上を伸ばしていたとしても、B店とはほぼ同じ水準であることになる。たしかに、比較なしに売上の伸びをそのまま喜ぶわけにはいかない。

2店舗の売上金額と来店人数比較

	売上金額(A店／円)	売上金額(B店／円)	来店人数(A店／人)	来店人数(B店／人)
20XX.6.1	462,014	440,929	702	671
20XX.6.2	394,031	410,974	681	709
20XX.6.3	338,740	391,624	686	657
20XX.6.4	289,039	279,655	608	572
20XX.6.5	319,714	316,099	688	718
20XX.6.6	401,771	373,526	671	668
⋮	⋮	⋮	⋮	⋮
20XX.6.30	427,403	428,294	682	704
平均	361,367.67	363,938.60	616.27	617.53
標準偏差	58,875.94	54,451.15	59.35	57.08

Mission 2 売上データを比較視点から分析せよ

> 平均値や標準偏差をみると、売上金額、来店人数ともにほぼ同規模の店舗であることがわかる。ただし、時系列で集められたデータは、必ずしも十分な評価ができているとは言い難い。次項から、時系列データの場合に必要な、順序対としての検討をみていこう。

ONE POINT

現場の知と比較する

今回の例では、A店とB店のデータの比較を行ったが、実際のビジネスでは、必ずしも比較したい対象のデータが入手可能とは限らない。とはいえ、自社のデータを何の比較の視点もなしに分析することはおすすめしない。

そのような場合は、ビジネスパーソンとしての経験を活かし、分析に入る前に「おそらく○○ぐらいの額(人数)になるだろう」という予想を立て、この予測値を比較対象とすることで、経験による像と実像がどれくらいズレているかを判断しよう。他店を比較できないなら、経験によって培われた現場感覚と比べてしまおうということだ。

2 時系列データには折れ線グラフを活用する

> 🔒 **Key word** データの視覚化、折れ線グラフ

（上コマ・男性の台詞）
早速 私も足を運んで2店を比べてみました
売上の平均と標準偏差では我が社の店舗とA社の店舗は同じような成績のようです

（下コマ・男性の台詞）
待て このグラフをよく見てみろ
うちとA社の日々の来店人数の動向は似ているだが売上の動向は違うじゃないか

▶ 時系列データは"データの動き方"に着目し比較しよう

　前ページの集計表からは、2店舗の売上金額と来店人数の平均値は近く、同規模店という評価ができる。ただし、これらの値のみで判断するのは必ずしも適切とは限らない。それは、期間内平均が似ていても日々の傾向が異なる可能性があるためだ。

　右図はそれぞれの店舗の値を折れ線グラフで視覚化したものである。グラフによる判断は、直感を大切にしたい。このグラフを見て、両店舗のデータの動き方をどう評価するだろうか。

　たとえば、来店人数の推移は、A店とB店では同じ動きをしているように見える。売上金額についても、おおむね同じような動きに見えるが、来店人数ほどA店・B店が同じように動いているとは見えない。だとしたら、何が起きているのだろうか。次項で考えてみよう。

時系列データの折れ線グラフによる分析

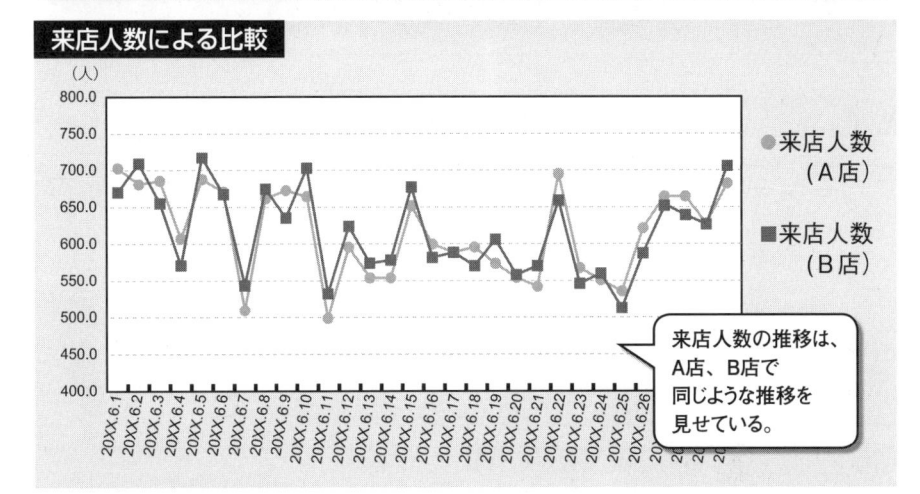

来店人数による比較

来店人数の推移は、A店、B店で同じような推移を見せている。

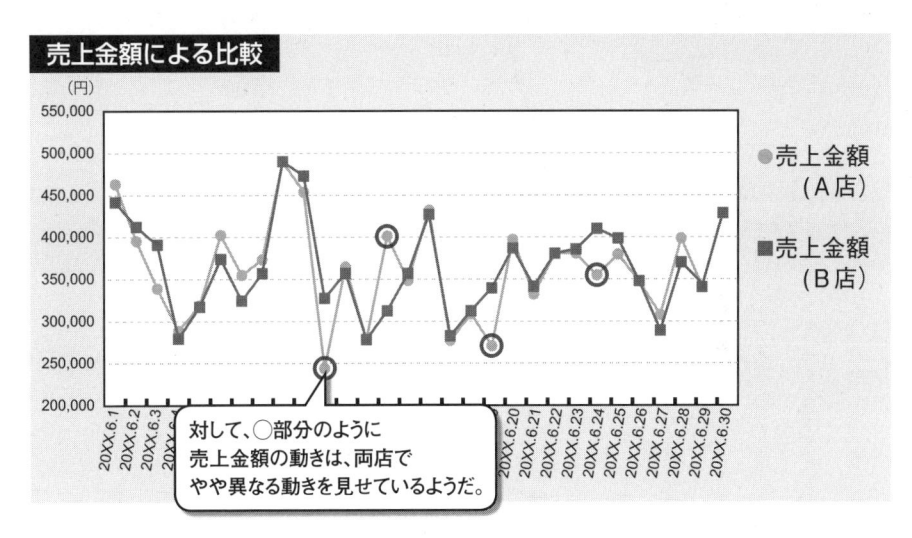

売上金額による比較

対して、〇部分のように売上金額の動きは、両店でやや異なる動きを見せているようだ。

Mission 2 売上データを比較視点から分析せよ

統計力UP!

　時系列データを比較する際、単に要約指標（平均や標準偏差）からの比較のみではなく、各時点での値の比較も必要となる。そのためには、折れ線グラフを重ねてみるともっともわかりやすい。

3 手元のデータから新たな尺度を導き出す

Key word 予想からのズレ、尺度

> こういう店も日によって売上金額や来店人数が異なるんだろう

> 日々の客単価も異なりそうね その動きも検討してみるわね

▶手元のデータから新しい情報を読み取るには

　前項で検討したように、売上金額と来店人数の動きが異なれば、日ごとの客単価が変化していることになる。当然のことのように思えるかもしれないが、実際に計算し、その推移をみると意外な発見が得られることも少なくない。

　ビジネスデータ分析で重要なのは、当然と思っていることでも実際に確認してみることである。**"当然と思っていた予想からのズレ"**こそがビジネス上の発見だからである。

●なぜ客単価に開きが出たのか

　右図は、客単価の推移をまとめたものである。両店とも平均客単価は600円弱と同じような金額ではあるが、共に上下の変動が大きいことが一目でわかる。

　また、グラフを見ると推移の特徴として、6月14日のように客単価が大きく開いている日が何回かあることがわかるだろう。その場合、なぜこの日はB店の客単価が伸びたのかをこのデータから離れて確認することで、今後、データに追加しておいたほうがよい情報が明らかになるかもしれない。

分散の求め方

	売上金額 （A店／円）	売上金額 （B店／円）	来店人数 （A店／人）	来店人数 （B店／人）	客単価 （A店／円）	客単価 （B店／円）
20XX.6.1	462,014	440,929	702	671	658.1	657.1
20XX.6.2	394,031	410,974	681	709	578.6	579.7
20XX.6.3	338,740	391,624	686	657	493.8	596.1
20XX.6.4	289,039	279,655	608	572	475.4	488.9
20XX.6.5	319,714	316,099	688	718	464.7	440.2
20XX.6.6	401,771	373,526	671	668	598.8	559.2
⋮	⋮	⋮	⋮	⋮	⋮	⋮
20XX.6.30	427,403	428,294	682	704	626.7	608.4
平均	361,367.67	363,938.60	616.27	617.53	586.4	589.3
標準偏差	58,875.94	54,451.15	59.35	57.08	88.1	89.1

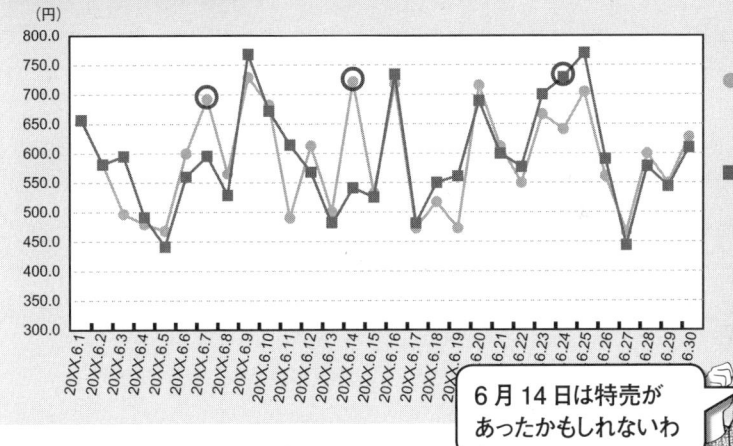

Mission 2　売上データを比較視点から分析せよ

客単価による比較

（グラフ：客単価（A店）、客単価（B店））

「6月14日は特売があったかもしれないわ」

ONE POINT　効率よく分析するために……

データを眺めながらどんな尺度が作れるかを考えるのは大切だが、その都度、独自で考えていては効率が悪い。ビジネス分析のための尺度については書籍が多数出ている。これらを一度眺めておくと、どんな尺度を用いれば何がわかるか把握できるため、便利である。

4 売上の"ばらつき方"を比較する「変動係数」

Key word ばらつきの比較、変動係数

- 2店舗で売上にばらつきがあるのはどちらか?
- 比較に必要な数字は?
- 規模や平均売上が異なっても、直接比較してよいのか?

▶平均の大きさを勘案してばらつきを比較する

　仮に2つの店舗の売上金額のばらつき（標準偏差）が共に100万円だったとしよう。ばらつきの大きさからすれば、この2店舗は同じばらつきと評価される。ただし、片方の店舗の売上平均は1000万円、もう一方の店舗の売上平均は500万円だったとする。このように平均の違いがあれば、日々の売上が平均して上下100万円動くという意味が、両店舗で異なることは当然だろう。

●売上平均が異なったら比率に変換する

　このように、絶対的な大きさの比較が無意味な場合には、しばしば比率に変換した、**相対評価**が行われる。この場合、標準偏差（ばらつき）を平均値で割った**「対平均比率」**を利用する。つまりばらつきの大きさが平均売上金額の何%であるかを計算し、比較することになる。この標準偏差÷平均のことを**「変動係数」**と呼ぶ。
　この例では、100万÷1000万＝0.1と100万÷500万＝0.2との比較であり、後者は前者の2倍、ばらつく店舗であることがわかる。

用語解説 相対評価…ある一定の集団なかで、相対的な位置によって判断すること

変動係数を求めて比較する

	売上金額（A店）	売上金額（B店）
平均	361,367.67	363,938.60
標準偏差	58,875.94	54,451.15
変動係数	0.163	0.150

上の表はA店、B店の計算結果である。

> A店は、5万8875.94円（標準偏差）÷36万1367.67円（平均）で、日々、売上平均の16.3%程度のばらつきがあることがわかるわ。
> 同様にB店は、5万4451.15円（標準偏差）÷36万3938.60円（平均）で、日々、売上平均の15.0%程度のばらつきがあるから、A店の売上のばらつきの方がやや大きいことがわかるわね。

統計力UP!

異なる規模の店舗で売上のばらつきなどを比較する際、変動係数を使用することがきわめて有効になる。

単位を確認する

ONE POINT

新しい変数を作る際、割り算を用いることが多い。そこでのポイントは、分子と分母の単位を確認することだ。

変動係数は、標準偏差と平均の単位が同じである。分子と分母の単位が同じなら計算結果は比率となる。「比率」の利点は、単位が消えることだ。

もちろん、割り算ですべてが同じ単位になるとは限らない。前項の客単価は、売上金額÷来店客数⇒円÷人であり、1人あたりの売上金額として「円」の単位が残る。なお、単位が異なる割り算の場合、分子の単位が残ることを確認しておこう。

5 異なる単位のデータを比較するには？

🔒 **Key word** 変動係数

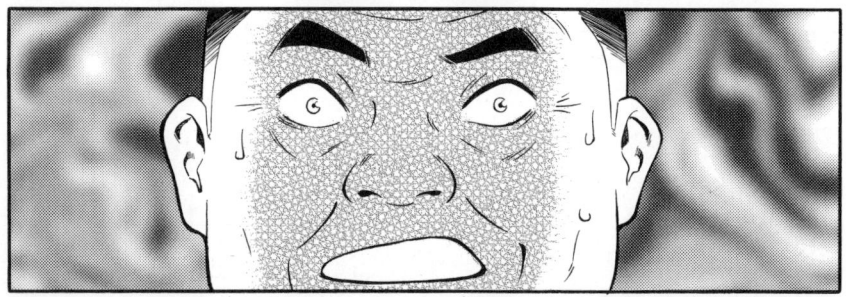

> うちの店は会員制だから来店人数はあまり変化しないわ それに対して売上のばらつきが大きすぎるというの？

> 余計なお世話よ もしそう思うならその根拠を示してほしいわ

▶ **標準偏差は、平均からのズレの大きさの平均値**

　比較したい対象が、同じ基準のものとは限らない。たとえば、自店舗の売上と来店人数との比較など、異なる変数を比較しなければならないこともある。

　右表は、売上金額と来店人数について、それぞれの**「変動係数」**を求めたものだ。変動係数は、標準偏差÷平均で単位を消したばらつきの指標である。売上金額という同基準内の比較にとどまらず、単位が異なる変数でも比較ができることになる。

　右の表のように、売上金額（円）と来店人数（人）の変動係数を比べると、A店、B店共に、売上金額のばらつきの方が大きいことがわかる。

　このように、異なる変数間のばらつきの比較には、変動係数が利用できることを覚えておくと便利だ。

売上金額と来店人数の変動係数

変動係数の活用は、
① 同じ変数での異なる対象間（店舗間）の比較を行う方法と、
② 同じ対象（店舗）での異なる変数間で行う方法がある。

	売上金額（A店）	売上金額（B店）	来店人数（A店）	来店人数（B店）
平均	361,367.67	363,938.60	616.27	617.53
標準偏差	58,875.94	54,451.15	59.35	57.08
変動係数	0.163	0.150	0.096	0.092

Mission 2 売上データを比較視点から分析せよ

①の方法では売上金額、来店人数共にA店のばらつきのほうが大きいわね

A店のほうが日々大きく業績が動いているということか

②の方法ではA店、B店共に売上金額のばらつきのほうが来店人数のばらつきより大きくなるな

ある程度コンスタントに推移する来店人数に対して売上金額の変化が大きいことがわかるのね

統計力UP!

　変動係数を利用することで、異なる対象間・変数間のばらつきの比較ができるようになる。
　変数間の比較が使えるのは、単に全体平均としてのばらつきにのみではない。たとえば、特定の日の売上金額と来店人数を直接比較するには、どうしたらよいだろうか（答えは次項）。

6 異なる単位のときは標準化して比較する

🔒 **Key word** 標準化

> 昨日の売上金額と来店人数はいつもとくらべてどうだった？

> 来店人数は増えてきました。来店人数は少なくても売上金額は多いこともあります

▶平均からのズレの大きさであれば、異なる単位でも比較できる

　異なる単位の数字の比較は、一目見ただけでは難しい。そこで単位を消して比較しようと考えられたのが、**「標準化」**という作業であり、そこから得られる得点を**「標準化得点」**という。

　計算式は、「標準化得点＝（個々の値－平均）÷標準偏差」である。意味を売上金額の例で考えてみよう。

●異なる単位を標準化する

　6月1日の例では、A店の売上金額は46万2014円であり、平均（36万1367.67円）より10万646.33円多く売り上げた。来店人数は702人で、平均（616.27人）より85.73人多く来場した日であることがわかる。ただし、この10万646.33円と85.73人は、単位が異なるため比較が難しい。そこで、この平均からのズレを標準偏差（平均からのズレの平均）で割ることで、期間内の平均的なズレからどのくらいその日が多かったか・少なかったかを判断しようというのが、標準化という作業である。

売上金額と来店人数の標準化得点

	売上金額 （A店/円）	売上金額 （B店/円）	来店人数 （A店/人）	来店人数 （B店/人）
20XX.6.1	462,014	440,929	702	671
20XX.6.2	394,031	410,974	681	709
20XX.6.3	338,740	391,624	686	657
⋮	⋮	⋮	⋮	⋮
20XX.6.30	427,403	428,294	682	704

> （個々の値－平均）÷標準偏差の式で、データの単位を消して、標準化できるわ。

平均	361,367.67	363,938.60	616.27	617.53
標準偏差	58,875.94	54,451.15	59.35	57.08

> 6月1日の標準化得点の値には単位がなく、売上金額ではそれぞれ1.71と1.41。来店人数ではそれぞれ1.44と0.94。つまり、売上金額が平均より多かったほどには、来店人数は増えていないことが一目でわかる。

	標準化売上 金額（A店）	標準化売上 金額（B店）	標準化来店 人数（A店）	標準化来店 人数（B店）
20XX.6.1	1.71	1.41	1.44	0.94
20XX.6.2	0.55	0.86	1.09	1.60
20XX.6.3	−0.38	0.51	1.17	0.69
⋮	⋮	⋮	⋮	⋮
20XX.6.30	1.12	1.18	1.11	1.51

Mission 2 売上データを比較視点から分析せよ

統計力UP!

平均からどのくらいズレていれば大きくズレていると見なすかは場合によるが、標準偏差1個分ズレている、つまり標準化得点が、+1以上、もしくは−1以下であれば、平均的な値からズレているという判断ができるだろう。

7 「箱ひげ図」で異なるデータを比較する

> 🔒 **Key word** データのばらつき、四分位、箱ひげ図

（マンガ：上段）
- うちの各店はよくチラシを入れてるけれど
- 入れたときと入れなかったときではどれくらい来店人数が違うんだ？

（マンガ：下段）
- はい
- 今度の会議は統計学を知らない人も出席するのでグラフで分析してみます

▶ 分散や標準偏差ではわかりにくいデータの散らばり具合を視覚化する

　たとえば、チラシを打った日と打たなかった日では、売上金額が異なるのだろうか？

　このような異なるデータ群の比較には、右のような**「箱ひげ図」**が用いられる。箱ひげ図にはいくつかの手法があるが、重要な統計指標を同時に表記できる優れた視覚化手法で、品質管理の分野など多くのビジネスシーンで活用される。

　右図は、来店人数というデータをチラシを打った日と打たなかった日とに分け、箱ひげ図で視覚化したものである。どちらも読み方は同じなので、左の箱ひげ図を基に、読み方を確認してみよう。

　この箱から上下に出ている線を〝ひげ〟と呼び、下のひげの端は最小値（場合によっては下から5％点の値のこともある）、上のひげの端は最大値（場合によっては下から95％点の値のこともある）を表している。

チラシの有無と来店人数の関係の視覚化(箱ひげ図)

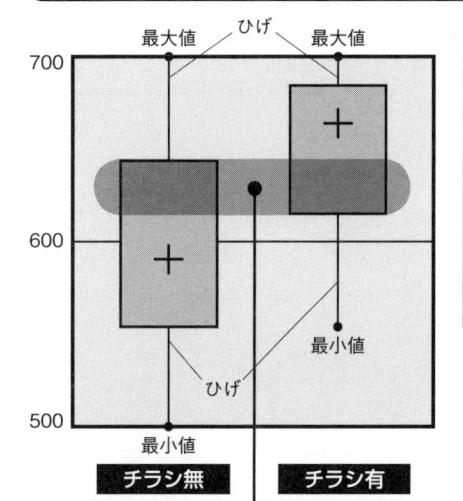

	チラシ無	チラシ有
最小値	501	544
第1四分位	553.5	614
中央値	591	666
第3四分位	642	684
最大値	696	702

Mission 2　売上データを比較視点から分析せよ

> チラシ有と無の箱(ボックス)が重なる部分がある。この範囲では、チラシを打った日と打たなかった日で差がなかったことになる。この重なる部分が多ければ、両者に差があったとは言いきれないことになるだろう。

> 中に太い十字線が入った四角いボックスがある。この十字の位置は、データを小さい順に並び替えた際にちょうど真ん中に来る値「中央値」を表している(チラシ無の日は、591人が中央値。チラシ有の日は、666人が中央値)。

> 箱の底辺(下の線)が、この順番での下から1/4番目(25%)にくる第1四分位の値、上辺(上の線)が下から3/4番目(75%)にくる第3四分位の値である。ということは、この箱の中に、全体の50%のデータが入っていることになるのか。

統計力UP!

箱ひげ図によって、データの分布(散らばり具合)を加味した比較が可能になる。もし、2つの四角いボックスの重なる部分が多ければ、「両者には差があるとは言い難い」となり、重なる部分が少なければ、「差がある」という判断になる。

8 比較するとは仮説を立てることだ

Key word 仮説検定

- 来店人数が多い日と少ない日は何によって決まるのか？
- データの偏りを分析するには？
- メリハリのつくデータをつくるには？

▶データの比較で仮説を立てる

　前項のチラシの有無による来店人数の比較は、チラシ効果の検証のためのデータ分析だ。つまり仮説検証であり、「チラシを打ったことが、来店人数の増加をもたらした」ことを検証している。

　ビジネスデータ分析の重要な目的のひとつは、何かの施策がビジネスの結果に影響を与えたのか否かを検証することであり、データによる仮説検証の方法を知っていることは強い武器となる。

　とはいえ、統計学のテキストにあるようにいきなり「仮説検定（有意確率による仮説の評価）」を学ぶ必要はない。重要なのは、今回の事例のようにデータによって「比較」ができることにある。

●データを分けて比較する

　直感的な仮説検証の方法は、右図のとおりである。もし、あるデータを２つの基準で分割するとしたら、どちらの方が意味のある分割基準と思うだろうか。多くの人は「B」の方が、メリハリがついて分割基準として意味があると考えるだろう。このメリハリがつく基準こそ、仮説における原因系だ。

メリハリのつくデータの分け方に仮説のヒントがある

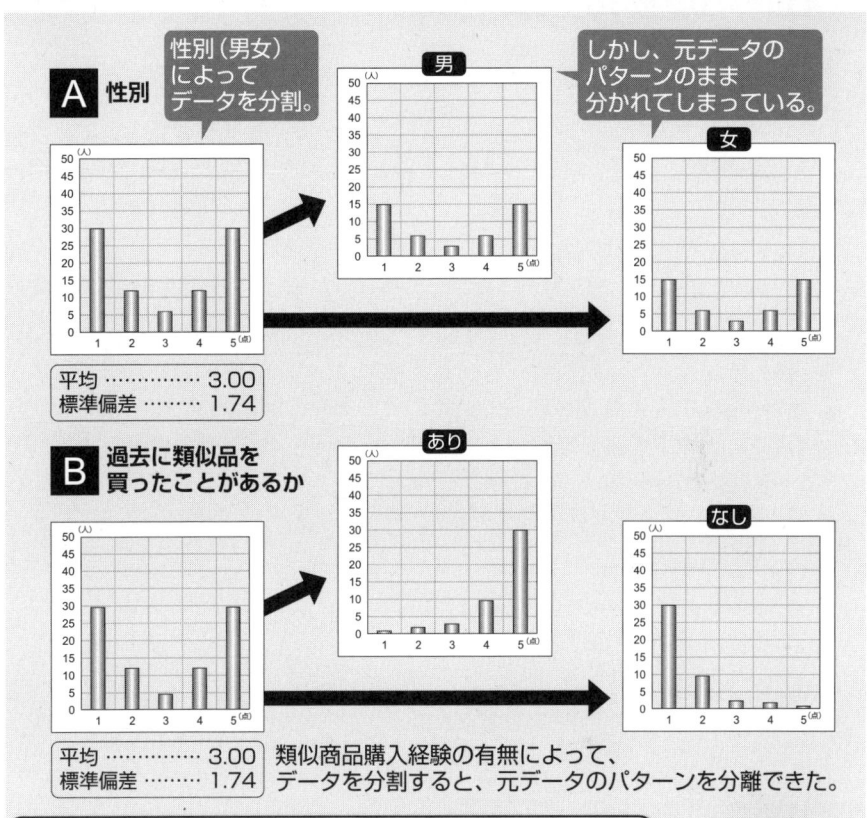

A 性別

性別（男女）によってデータを分割。

しかし、元データのパターンのまま分かれてしまっている。

男／女

平均 ……… 3.00
標準偏差 …… 1.74

B 過去に類似品を買ったことがあるか

あり／なし

平均 ……… 3.00
標準偏差 …… 1.74

類似商品購入経験の有無によって、データを分割すると、元データのパターンを分離できた。

Mission 2　売上データを比較視点から分析せよ

> たとえば、このデータが、商品Xへの5点満点の評価データだったとします。分割基準Aは性別、分割基準Bは過去に類似の商品Yを買ったことがあるかないかの違いだとしたら、性別が商品Xの評価に影響を与えたという仮説よりも、類似商品Yの購入経験が商品Xの評価に影響を与えたという仮説の方が、もっともらしいわね。

統計力UP！

　元のデータを何かの基準で分割するとしたら、直感的にメリハリがつく分割基準を採用しようとするはずだ。すでにそこには「仮説構築」のセンスが垣間見える。まずは、手間を惜しまずいろいろな基準で比較してみよう。その経験が、仮説を構築するセンスをさらに高めることになる。

Column2
Excelの関数の活用

▶データの集計・加工力を上げる

　Excelでデータ分析をする際の効率を上げるために、まずおすすめしたいのは「関数」だ。関数というと何かの"数"と思われるかもしれないが、英語で言えば「Function」、つまり機能である。

　Excelには、さまざまな処理をしてくれる関数（機能）がある。たとえば平均なら、「=average（ここにデータ範囲を指定）」となる。「=○○」ではじまるキーワードを覚えておけば、データ範囲を入力するだけでいろいろな計算や処理を簡単にこなしてくれる優れものだ。

　関数は非常にたくさん実装されているので、個々の関数の解説は割愛するが、ビジネスでは、以下のような関数を覚えておくと便利だ。WEBで検索するなど、何をする関数なのかを調べ、ビジネスに活用していこう。

（　）の中には、それぞれの関数で指定するものが異なるので、WEB等で確認のこと。

=sum(　)	指定範囲の合計を求める 応用例 ➡ 売上金額の期間合計を計算する、など
=average(　)	指定範囲の平均を求める 応用例 ➡ 売上金額の期間合計を平均する、など
=if(　)	「もしあるセルの値が○○なら、××と表記」など条件指定に使う 応用例 ➡ 売上金額にABC分析を行う、など
=countif(　)	指定した範囲に、ある値や文字が何セルあるかをカウントする 応用例 ➡ ある顧客との取引が帳簿上何件出てくるか、など
=vlookup(　)	あるセルに入力した値に対応する情報を検索し、表示する 応用例 ➡ データ入力の際に、別途顧客リスト表を作っておき、顧客リストの値を入れると、対応する"顧客名"が入力できる、など
=round(　)	四捨五入する 応用例 ➡ 小数点以下のデータを指定の桁にする、など

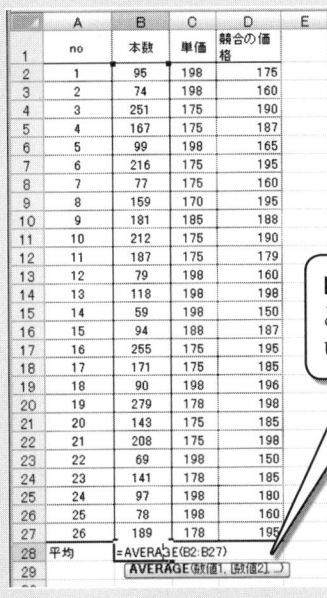

	A	B	C	D
1	no	本数	単価	競合の価格
2	1	95	198	175
3	2	74	198	160
4	3	251	175	190
5	4	167	175	187
6	5	99	198	165
7	6	216	175	195
8	7	77	175	160
9	8	159	170	195
10	9	181	185	188
11	10	212	175	190
12	11	187	175	179
13	12	79	198	160
14	13	118	198	198
15	14	59	198	150
16	15	94	188	187
17	16	255	175	195
18	17	171	175	185
19	18	90	198	196
20	19	279	178	198
21	20	143	175	185
22	21	208	175	198
23	22	69	198	150
24	23	141	178	185
25	24	97	198	180
26	25	78	198	160
27	26	189	178	195
28	平均	=AVERAGE(B2:B27)		
29		AVERAGE(数値1, [数値2], ...)		

> Excelでは、関数を途中まで書くと、カッコ内に何を指定すればよいかを表示してくれる。

> たとえばExcel2007では、ホームメニューのΣのボタンを押し、その他の関数を指定すれば、どんな関数があり、どう使えばいいかを、別メニューでアシストしてくれるので、必ずしも関数そのものを覚える必要はない。

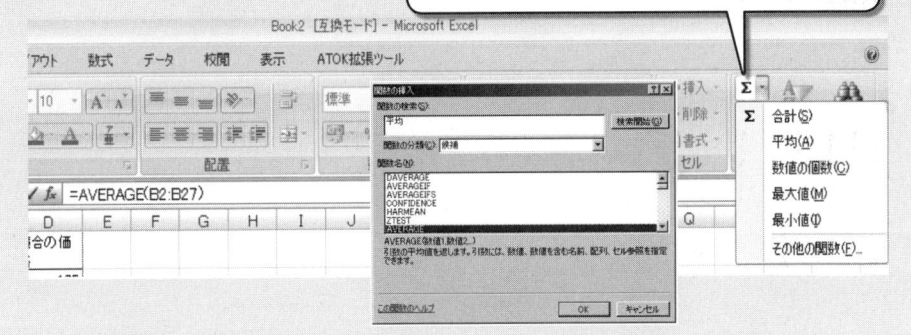

Excelを使っているときにたまに見かける1.5E−05や1.5E+05といった表記

　Excelで大きな数や小さな数を扱っていると、＋Eとか−Eという記号を見かけることがある。たとえば、1.5E−05。これは、1.5の小数点の位置が、左に（マイナス方向に）5個動いたもの、つまり0.000015のことである。逆に1.5E+05とあったら、1.5の小数点が右方向（プラス方向）に5個動いたもの。つまり150000となる。

　もしわかりにくい場合には、そのセルを右クリックし、セルの書式設定で、表示形式を数値にしてしまえば、普通の0.000015などの表示がされるようになる。

Mission3 推定

2店舗の売上能力を比較せよ

ビジネスの現場では、いつでも詳しいデータが揃っていることは少ないだろう。一部のデータだけでも、比較はできる。そして、判断を誤る可能性を含んだ、難しい意思決定をしないといけないこともある。
Mission3では、「2店舗の売上能力の比較に差があるといえるのか」を検証しながら、誤るリスクを加味する方法を見ていく。

> どのくらいのサンプル数で調べたデータなのかということも重要ですね

> 似たような平均売上のA店とB店 どちらに予算を多く割いたらいいんだろう

ここでマスターする手法と考え方

☑ 一部のデータで判断する ▶ **標準誤差**
☑ 誤判断リスクを加味して判断する ▶ **仮説検定、有意確率**
☑ データ量と仮説との関係を理解する ▶ **サンプル数と有意確率**

1. 2店舗の本当の売上能力を把握する「標準誤差」……………… 58
2. 一部のデータでばらつきを比較する「不偏標準偏差」………… 60
3. 一部のデータで売上能力を比較する ……………………………… 62
4. 売上能力を比較するとき誤る確率はどのくらい？……………… 64
5. 誤判断リスクをどこまで許容できるか「有意水準」…………… 66
6. サンプル数と検定結果との関係 …………………………………… 68
7. 分析する対象の設定「母集団の設定」…………………………… 70
8. 比較基準を変えると結果は根底から変わる ……………………… 72

1 2店舗の本当の売上能力を把握する「標準誤差」

Key word　比較、推定、標準誤差

- 売上金額を基に能力を比較する方法は？
- 比較する期間を変えても同じ結果になるのか？
- 「真の値」を求めるには？

（吹き出し）
- 確かこの近くに似た店舗があったな　A店とB店どちらの売上が良いのか
- 今ある売上データで2店舗の優劣を判断してくれ
- では先月の売上データを比較してみましょう

▶比較することで、より多面的な知見を得ることができる

　たとえば、2店舗の売上能力を比較し、どちらかに予算の重点配分をしたいとしよう。その際、仮にある期間の売上金額を基に、どちらの能力が高いか判断するとしたら、どのように行うだろうか。ひとつには、期間内で一日あたりの平均売上高を求め、高低を比較するという方法がある。

　ただし、知りたいことは本当にその期間の売上能力だろうか。その期間の設定を少しずらしても同じ結果が出るだろうか？

　ビジネスデータは常に変動しているから、一日ずらしただけでも平均値は異なるだろう。とすれば、対象期間から求めた数値が、その店舗の真の売上能力を表しているとは言い切れないだろう。

　そこで、考えられたのが、**「誤差」**を加味して真の値を推定しようという方法だ。

用語解説　標準誤差…標本調査の結果として得られた推計値の正確さを表す数値

たとえば、平均値に誤差を加味してみよう。一部のデータで計算した平均値の前後に±誤差の幅を持たせ、「このデータから考えて、おそらく真の平均はこのぐらい」と考える。その際に用いるのが、**「標準誤差」**という指標だ。

2店舗の平均売上と標準誤差

	売上金額(A店／円)	売上金額(B店／円)
20XX.6.1	462,014	440,929
20XX.6.2	394,031	410,974
20XX.6.3	338,740	391,624
20XX.6.4	289,039	279,655
20XX.6.5	319,714	316,099
20XX.6.6	401,771	373,526
⋮	⋮	⋮
20XX.6.30	427,403	428,294
平均	361,367.67	363,938.60
標準誤差	10,932.99	10,111.32

期間内のデータにのみ着目すれば、B店の方が平均売上が多く優れていると考えられる。
ただし、これは一部のデータで、知りたいことがより一般像としての売上能力とすれば、標準誤差を加味したいな。

このデータを見る限り、2店舗の標準誤差は1万円強。ということは、共に約36万円強の平均に対して、前後1万円強の幅を持たせて判断した方がよいことを示しているんですね。

Mission 3　2店舗の売上能力を比較せよ

統計力UP!

標準誤差を求める式は、「標準誤差＝不偏分散÷√データの数」。
※不偏分散については、次項で解説する。

ONE POINT

データは多い方が精度が高い！

注目すべきは、分母にデータ数が含まれるということだ。データ数が多ければ（分母が大きければ）、標準誤差は小さくなる。

つまり、知りたい対象を一部のデータで判断しなければならないとしても、データを多く集められれば、精度は高まるということを示している。

2 一部のデータでばらつきを比較する「不偏標準偏差」

> **Key word**　ばらつきの比較、不偏標準偏差

> A店とB店の売上データを見てみました。先月の売上は日によって随分ばらついているようです

> 先月だけのデータではなく2店舗のばらつきに関しても誤差を加味して検討する必要があるな

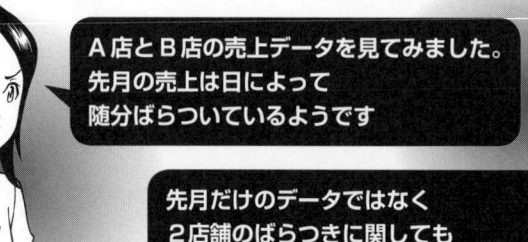

▶ 一部のデータから誤差を加味してばらつきを検討する

　前項では、誤差を加味して売上平均を比較するには、標準誤差を用いた。ただしビジネスでは、単に平均を比較するだけでは十分ではないことがある。

　たとえば、2店舗の平均売上が同じでも、片方は、毎日コンスタントに同じような売上を達成し、もう一方は、売れる日もあれば売れない日もあるといったように売上が大きくばらつく店舗かもしれない。

　したがって、平均を比較する際には、**「データのばらつき」** を一緒に検討することが一般的である。P.22で解説したとおり、データのばらつきを見るには、**「標準偏差」** を用いるのが便利だ。

●不偏標準偏差を使う

　ただし、前項の通り、一部のデータで平均を計算・評価する際には、前後に誤差（標準誤差）を持たせて判断した。標準偏差が、平均からのデータのズレであ

る以上、この誤差を加味したばらつきを用いなければならない。そこで登場するのが、**「不偏標準偏差」**だ。不偏標準偏差とは、一部のデータでデータのばらつきの大きさを把握したいときに使う指標である（標準偏差と不偏標準偏差、標準誤差の使い分けは「統計力 UP！」を参照）。

2店舗の平均売上と標準誤差

	売上金額（A店）	売上金額（B店）
平均	361,367.67	363,938.60
標準偏差	58,875.94	54,451.15
不偏標準偏差	59,882.44	55,382.01
標準誤差	10,932.99	10,111.32

売上金額からより広い範囲の売上能力を判断するなら、平均±標準誤差と、不偏標準偏差で検討する。
この例では、平均売上が低いA店の方が、ばらつき（不偏標準偏差）が大きいことがわかる。つまり、A店の方が、日々の売上がばらついているということだ！

統計力UP!

　データのばらつきを検討したいときに、分析するデータが、知りたい対象の一部のデータなら、「不偏標準偏差（分母が n − 1）」を使う。
　一方、知りたい対象の全データを入手できるなら、通常の「標準偏差（分母が n）」を使う。また、一部のデータで計算した平均値の精度を主張したいときには、「標準誤差」を使う。
　似ている用語だが、使い分けをしっかり意識しよう。

ONE POINT

標準偏差と不偏標準偏差の使い分け

不偏標準偏差 ＝ Σ（個々のデータの値－平均）^{2} ÷（データの数－1）
標準偏差 ＝ Σ（個々のデータの値－平均）^{2} ÷（データの数）
　なお、標準偏差と不偏標準偏差の Excel による求め方は、以下の関数を使うと便利である。
標準偏差 =stdevp（ ）：分散 =varp（ ）
不偏標準偏差 =stdev（ ）：不偏分散 =var（ ）

Mission 3　2店舗の売上能力を比較せよ

3 一部のデータで売上能力を比較する

Key word 平均値の比較、誤差を加味した比較

> 一部のデータで平均売上高を比較するというのは結局どういうことなんですか

> ビジネスはスピード勝負のところがあるだろう すべてのデータが揃うのを待っていたら話にならない

> たしかに……一部でも比較をしなくてはならないのですね

> ここで気をつけたいのは誤差を加味しておくということだよ

▶一部のデータでの結論は、誤差を加味しなければならない

　ビジネスの意思決定にはスピードが必要だ。すべてのデータが揃わないと何も判断できないようでは先に進めない。一部のデータが集まったところで判断を下さなければならないこともあるだろう。ただし、一部のデータの結論には誤差があるため、断言できない。そんなときに用いるのが、**「誤差を加味した比較」**だ。
　この「誤差を加味した比較」のキモは、誤判断リスク（確率）を加味したデータ評価である。ただし、いきなり数学的に考えるととても難しい。まずは、図でイメージを持つことからはじめよう。
　右図は、A店、B店の売上平均を誤差を持たせて視覚化したものである。一部のデータから求めた平均のため、対象の期をずらせば異なる平均値となる。これを踏まえて、横軸に売上平均金額、縦軸にその売上平均金額の**ありえそう度（確率密度）**をとったのが、この山のグラフだ。

誤差を加味して視覚化する

B 店の誤差を持たせた売上

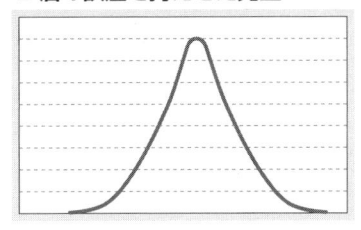

A 店の誤差を持たせた売上

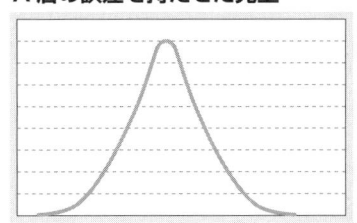

A・B 店の誤差を持たせた売上

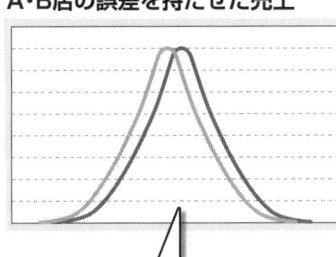

> 横軸はそれぞれ売上平均額(円)、縦軸はその平均額のありえそう度合(確率密度)だ。

この平均値を山の形で表したグラフを、A 店、B 店の両方について描き、重ねると何がわかるだろうか？ もしこの山の重なりが大きければ、2 つの対象の平均値は、同じような値をとりそうだということになる。逆に、山の重なりがほとんどなければ、A 店が多いとか、B 店が多いという結果は、期間をずらしても変わることがほとんどない。

> つまり、この重なりが多ければ両者には差がない(差があるといったときの誤判断リスクが大きい)、重なりが少なければ両者に差がある(差があるといったときの誤判断リスクが小さい)と考えるのが、平均値の比較の本質ですね。

統計力 UP!

　誤差を伴ったデータの比較、つまり一部のデータによる比較結果は、断言できないということを覚えておくこと。ただし、通常、上記の図の重なり方はグラフでは求めない。

　次項では、「仮説検定」という方法から、この重なり＝誤判断リスクの大きさを求める方法を紹介しよう。

Mission 3　2 店舗の売上能力を比較せよ

4 売上能力を比較するとき誤る確率はどのくらい？

Key word 平均値の比較、t検定、誤判断リスク、有意確率

ここまでA店とB店の売上を比較してきました
やっとどちらの売上能力が高いのか答えが見えてきました

B店のような店づくりが良かったがビジネスは誤判断のリスクを考えないと

売上データを見るだけでなくリスクを加味した結果この期間ではB店が優れているとは言い切れないことがわかりました

B店中心の戦略を組むべきとも言い切れませんね

▶ "誤った判断を下すリスク"を判定するには？

　仮にあなたが何らかのビジネス判断を迫られたとしよう。明らかに優劣のついたものに対する判断を下すのであれば問題はない。ところが、優劣を決めかねる判断ならば、**誤判断リスク（誤った判断を犯す危険性）** がついて回る。一部のデータで意思決定をする場合も同じだ。誤差を加味する以上、誤判断リスクは避けられない。

　前項では、誤差を伴った平均値の比較を、山の重なり方から差があると主張しやすいかどうかを判断した。では、より客観的にこの主張しやすさを数値化できないだろうか。ここで登場するのが、**「仮説検定」** という手法である。

● t検定を使った比較

　仮説検定には、いくつもの種類があるが、目的に応じて使う手法が決まってい

るので、そのすべてを一気に覚える必要はない。**2つの対象の平均値の比較**では「**t検定**」を使うのが一般的だ。

t検定でのポイントは、「**有意確率**」である。t検定での有意確率とは「**"2つの対象の平均値に差がある"といったときの誤判断リスク**」である。

つまりこの有意確率が小さければ、誤判断リスクが小さいので、両者に差があるといいやすく、有意確率が大きければ、誤判断リスクが大きいので、両者に差があるとはいい難いという意思決定ができることになる。

平均値の差の検定（t検定）

	売上金額（A店）	売上金額（B店）
平均	361,367.7	363,938.6
標準誤差	10,933.0	10,111.3
観測数	30	30
平均の差	−2570.9	
有意確率（p）	0.864	

※有意確率は、一般的に分布表によって求めるか、統計ソフトによって求める

この例では、有意確率は0.864となってます。すなわち、「店舗の違いで売上能力に差がある」と主張したときに、本当は「差がない＝誤判断リスク」が86.4％もあるということですね。

この有意確率が、自分が許容できるリスクよりも小さくなれば、自信を持って、「店舗の違いで売上能力に差がある」と意思決定できるわ。
この例では、誤判断リスクが86.4％もあるため、さすがに、「店舗の違いで売上能力に差がある」とはいえないわね。

統計力UP!

一部のデータでの意思決定は断言できず、誤判断リスクを伴う。それを評価するのが、有意確率だ。

一部のデータで比較する場合に有効なのが、仮説検定という方法だ。仮説検定では、断言できない結果のときに、誤判断の危険性を確率で表す有意確率が使える。

用語解説　有意確率…得られたデータの偏りが偶然生じる確率

5 誤判断リスクをどこまで許容できるか「有意水準」

Key word 有意確率、有意水準

- リスクがどのくらい小さければ許容できるのか？
- 許容の目安は？
- 分析に便利なExcelのツールとは？

▶ 意思決定では、どれくらいのリスクを負えるかを決めなければならない

　前項で確認したとおり、有意確率とは誤判断リスクを表している。したがって、このリスクの大きさによって、人によっては仮説どおりに結果を主張したり、仮説を捨てたりする。その際、**どれくらいリスクが小さければ許容できるといえるか**を設定するのが、**「有意水準」**である。

　仮説検定を使った分析レポートでは、しばしばこの有意水準が設定され、「○○％水準で有意」というような表記がなされる。この○○が５％なら、その仮説で設定した原因系が結果系に影響を与えているという主張をしたときに、判断ミスをする確率が５％以下になるということだ。

● **許せるリスクは人や場合によって異なる**

　ただし、有意確率は、何か絶対的な値として設定されるものではない。現実のビジネスをみても、ある程度ミスするリスクが許容されるケースとそうでないケースがある。**リスク許容水準（有意確率）** は、人や場合によって、変わりうる。

　もちろん、目安はある。多くの事例では、５％有意水準か１％有意水準という基準が用られる。これらは確かに便利だが、あくまでひとつの目安である。より重要なのは、有意水準そのものではなく、後述する差の値である。

ONE POINT

Excel による t 検定の方法

　Excel には「分析ツール（もしくはデータ分析）」という機能が付いている。標準のインストールでは使える状態にないかもしれないが、アドインという機能からこのツールを使える状態にすれば、かなり高度な分析までを行うことができる。

　仮説検定に関しても、いくつかのツールがある。今回の平均値の比較では、「t 検定」というツールを使うが、t 検定にも3つのツールがあり、どれを選べばよいか迷うかもしれない。

　厳密には、3つを使い分ける必要があるが、大別すれば、以下の2つの使い分けで大丈夫だろう。もちろん、進んだ段階では今回説明しない「t 検定：等分散を仮定した2標本による検定」も区別してほしい。

データが対になっている場合
→ t 検定：一対の標本による平均の検定
例）A 店の売上と B 店の売上を日々の対データとして扱う場合
例）ある広告を見る前・後で商品評価の変化を個人ごとに比較する場合

データが対になっていない場合
→ t 検定：分散が等しくないと仮定した2標本による検定
例）A 店の売上と B 店の売上を日々の期間内平均で比較する場合
例）広告を見た人達、見ていない人達で商品評価の差を比較する場合

統計力 UP!

　有意水準は、許容できる誤判断リスク（有意確率）の大きさである。ただし、この許容度合は必ずしも、一定ではない。もちろん、テーマごとに、許容できるリスクは異なるはずだ。

Mission 3　2店舗の売上能力を比較せよ

エクセルからツールを開くとアドインという項目があるんですね

この「分析ツール」を使えば簡単にデータ分析ができるなんて便利ですね

6 サンプル数と検定結果との関係

🔒 **Key word**　データ数、誤判断リスク、平均値

> 今回の期間だけではB店の優位性が確認でなかったがもう少し対象期間を延ばせばより正確になるのか

> データを増やせば誤判断のリスクは少なくなりますが実務的に意味があるかわかりませんね

▶ データを増やせば誤判断リスクは下がる!?

　ここまで見てきたとおり、仮説検定は、知りたいことのすべてのデータがない場合に、誤差を加味、すなわち誤判断リスクを踏まえて主張するために行われる。また、この誤差は、データ数が多くなれば小さくなる、ということもすでに見てきたとおりである（P.59参照）。

　誤判断リスク（有意確率）が許容できるリスクより大きくなってしまうと、データを増やして再度分析しようとするモチベーションが働く場合がある。もちろん、データを増やし、推定精度を上げること自体は、正しい方法だ。ただし、それと同時に忘れてはいけないのは、差が出るというのは、誤差が小さくなり2群の値の重なりが小さくなる場合と、平均自体の差が大きい場合があるということだ。

　データを増やす処理をした際の注意点をわかりやすくするために、極端なケースを作ってみた。それが右表の結果だ。

　もちろん、何か違和感を覚えるはずである。我々は、ビジネスデータ分析をしているのであって、データ測定精度の比較をしているわけではない。重要なのは、

常に初期の目的(この場合、平均に差があるか)を忘れずに分析し、その結果を読み解くことである。

検定の本質を確認するための実験

①

	売上金額(A店)	売上金額(B店)
平均	361,367.7	363,938.6
標準誤差	10,933.0	10,111.3
観測数	30	30
平均の差	−2,570.9	
有意確率(p)	0.864	

思考実験のため、A店、B店の30日分のデータをそのまま繰り返してコピー&ペーストし、3000日分(100倍)のデータとして、同じt検定(平均値の差の検定)を行ってみた。

②

	売上金額(A店)	売上金額(B店)
平均	361,367.7	363,938.6
標準誤差	1,075.1	994.3
観測数	3,000	3,000
平均の差	−2,570.9	
有意確率(p)	0.079	

Mission 3　2店舗の売上能力を比較せよ

①の表は、6月期30日分の売上金額から誤差を加味して2点の比較をしたものだ。そして、②表は、このデータを単純にコピー&ペーストし、分量を100倍の3000日分のデータにしたもの。もちろん、こんなデータ分析は全く意味ないが、平均の差の値と有意確率を確認してほしい。

平均値の差の大きさは変わらないまま、有意確率が小さくなっている。つまり、データ数が増えれば、平均値の差は同じままでも、有意確率が小さくなる(誤判断リスクは下がる)ということだ!

統計力 UP!

データが増えれば、有意確率(誤判断リスク)は小さくなっていく。ただし、平均自体の差が小さくなるわけではない。

7 分析する対象の設定「母集団の設定」

> **Key word** 母集団、標本

(マンガ部分)
- 私は銀座で働いているのよ A店とB店の売上比較をするなら私に聞けばポイントを教えたのに
- へえそうなんだ それで……
- どんなポイントがあるんだ
- ポイントは比較する時期ね 流行に左右される業界だから

▶知りたい対象は？ すべてのデータは入手できる？

　ビジネスデータの分析には、明確な目的があるはずだ。前項までの例であれば、売上能力の比較が目的だった。ここでさらに考えておきたいのは、その目的のために分析すべき適切なデータ範囲や対象はどういうものなのかという**「母集団」**の議論である。

　母集団とは、真に知りたい対象や期間のことを指している。したがって、基となる母集団の設定を誤ると、どんなに高度な分析をしても、結果はフォーカスがズレたものになってしまう。そこで、ここでは母集団の議論に重要な2つのポイントを確認しておこう。

●分析に必要な期間を見極める

　ひとつはデータ分析に用いる**データ期間（や対象）**と、結果から得られる知見**を用いる時期（や対象）とが一致**しているかという点である。例えば、AとBという2つのファッション店の売上比較で、夏期のデータで分析した結果を基にし

て冬期の売上向上戦略の可能性を判断するといえば、少なからず違和感を覚えるだろう。これは、分析で用いる対象（母集団。ここでは夏期データ）と応用する状況（ここでは冬期）が異なるからである。

　2つ目は、**母集団の大きさ**についてだ。特に、時系列データの場合には注意が必要である。現実の世界は日々移ろっていることを考えると、むやみにデータ期間を長くし、母集団を大きくすることは危険である。というのも、期間を長くすれば、母集団自体が変化している可能性があるからだ。たとえば、店舗の売上データの場合、店舗周辺に競合店ができる前とできた後とを同じ環境とみなすのは危険である。競合店ができる前後で母集団を区切り、分析すべきだろう。

　データ分析は、その結果を使うシーンをイメージして、適切なデータ区間（母集団）を想定することが不可欠である。

母集団と標本の関係

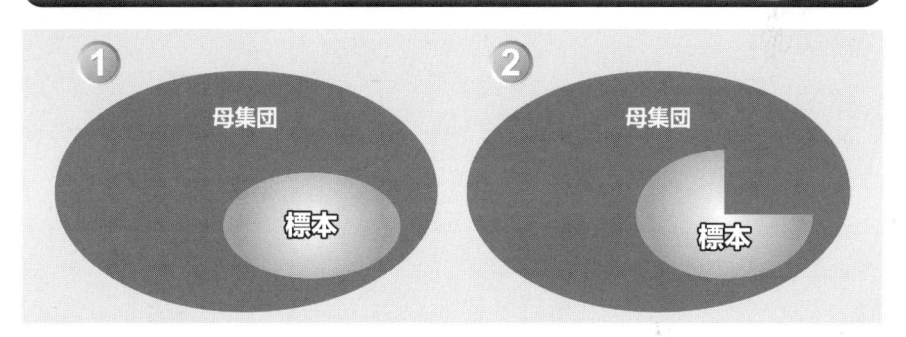

①のように母集団と標本の形（内容）が同じであれば、標本データから得られた知見を母集団のものとして活用できる。ただし、②のようにゆがんだ標本からの物言いは危険だ。たとえば、顧客全体（母集団）の傾向を知りたいときに、男性だけのデータを抽出したら、ゆがんでいるのは明らかだろう。

> Mission 7のモデル分析を使えば、この環境変化を加味して、ひとつの母集団として分析できるようになるな。

> これで、分析対象となる標本データの質を確保しようということね。

統計力 UP!

　真に知りたい対象（母集団）をしっかり考えることなしに、どんなデータ分析をしても、間違った結論を導くだけだ。

Mission 3　2店舗の売上能力を比較せよ

8 比較基準を変えると結果は根底から変わる

> **Key word** 比較基準

最善の意思決定をするためにはいろんな角度から判断しないとな 売上金額以外の比較はないのか？

A店とC店は店舗の規模が違います それぞれの客単価で比較してみるのはいかがでしょうか

▶検討の前提条件を覆す反論が、本質的反論である

たとえば、P.39の売上金額と来店人数の例に、3店舗目のC店を追加して分析するとしよう。その結果は、右表のようになった。まずは表①の分析のみを見てみる。この結果からは、有意確率は0.884であり、A店とC店の売上金額に違いがあるとまでは言い難い。ただし、C店の担当者は、A店と売上能力に差がないという結論に納得できなかったらどうだろうか。

ここで、データ比較期間が短い（データを増やせば有意確率は小さくなるため）とか、検定の種類が適切ではないと反論しても、本質的な反論にはならない。本質的な反論とは、検討の土俵自体を覆すものである。

▶比較基準を変えると別の結果が見えてくる

表②のように、比較基準をそもそもの売上金額から売上効率である客単価に移すとどうなるだろうか。客単価では、統計的にも有意（有意確率が0.00ときわめて小さく、差があるという結論の誤判断リスクが小さい）であり、また、平均587.82円に対して843.51円で、その差は255.69円と、実務上意味のある大きさであると考えられるのではないか。先のデータ比較期間や手法についての反論に比べ、どちらが本質的であるかは一目瞭然だろう。

ビジネスデータ分析の本質のひとつは、**「何を評価基準にするか」**である。したがって、基準自体の妥当性を問題にされると、大きく判断を変える可能性がある。

比較基準を変化させたときの有意確率の変化

表①　売上金額の比較

	売上金額（A店）	売上金額（C店）
平均	361,367.67	363,692.67
平均の差	−2,325.00	
有意確率	0.884	

表②　客単価の比較

	客単価（A店）	客単価（C店）
平均	587.82413	843.51607
平均の差	−255.69194	
有意確率	0.000	

同じ売上金額を基に比較しても、売上金額そのものの比較と、顧客一人あたりの売上金額（客単価）の比較では、異なる結論になる。
この場合、売上金額そのものに差があるとは言い切れなくても、客単価の基準なら、C店の担当者は自店の優位性を相手に納得させられるだろう。

統計力 UP！

分析の結果を伝える際には、どのような反論があるかわからない。また、他者の分析結果に反論せざるを得ないこともあるだろう。そのためにも、どういう反論が本質的かを知っておこう。

ONE POINT

分析の本質を忘れずに！

もちろん、比較基準を変える際に、ビジネス上、妥当な比較基準に変更しなければ、全く意味はない。したがって、どんな基準であれば、自者に有利であるか、また、他者から反撃されにくいかを検討することが必要になる。

なお、その際に注意すべき点が2つある。ひとつは、相手の反論を予想し、その反論が来た場合の切り返しを用意しておくこと。もうひとつはより重要な点であるが、自者に有利であることばかりを考えて、本来何を分析しているかを見失わないこと。勝つための分析を用意して、些末な議論に陥るケースが多々見られるからだ。

Column3
Excelのマクロの活用
▶データの集計・加工力を上げる、ミスを減らす

　Excelでのデータ分析を効率化するために、関数の次におすすめしたいのが「マクロ」である。

　マクロとは、Excelの上で動く簡易プログラムのようなもの。もちろん、自分でマクロを書ければベストだが、作れなくても、WEB上にいろいろ公開されているものがある（P.123 One Point 参照）。目的にあったマクロが見つかれば、一気に作業効率はUPする。

　さらにその先には、マクロの「自動記録」という機能を活用して欲しい。普段、Excelを使っているときは、基本的に各種メニューや機能ボタンをクリックしているが、日々繰り返す作業では、そのたびにクリックしていては効率が悪い。そこで、その処理過程を「録画（記録）」して再現しようというのが、マクロの自動記録という機能だ。

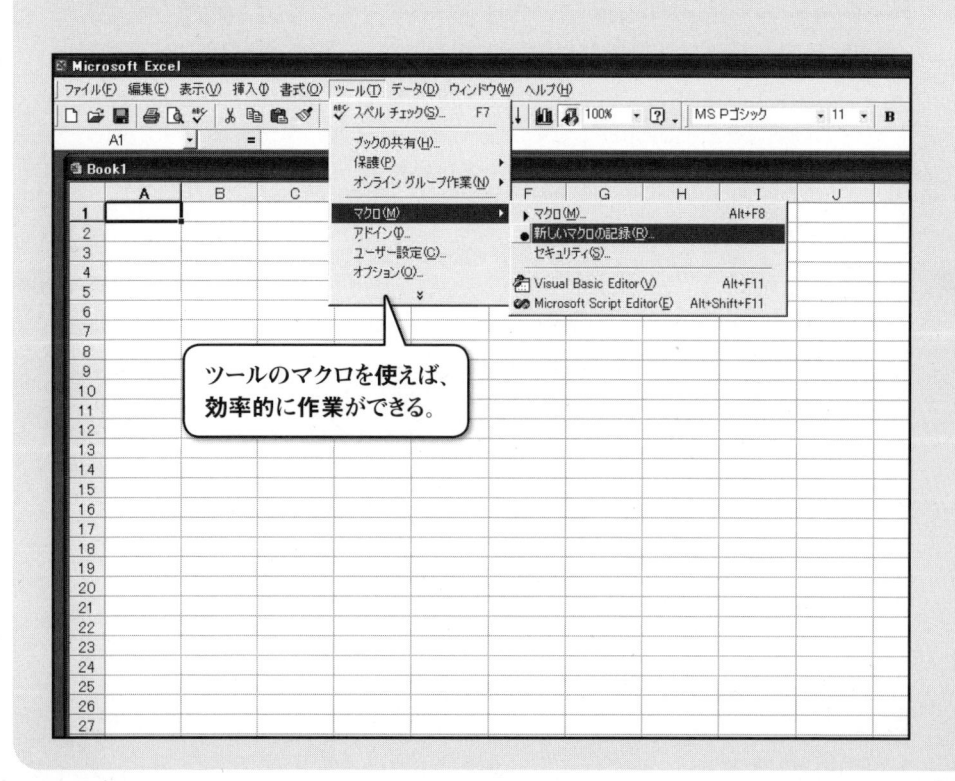

ツールのマクロを使えば、効率的に作業ができる。

たとえば、ある月のデータからグラフを作り、見た目をきれいにするように整形作業をしたとする。これを他の月でも行うとしたら、同じ作業を繰り返さなければならない。そこで、マクロの自動記録という機能を使えば、あたかも作業過程を録画するがごとく、手順をプログラムの形で保存してくれる。それを新しいデータに対して再生（実行）すれば、異なるデータに対して、同じ作業をしてくれる。

　上記の作業をするだけなら、データを差し替えるだけで済むかもしれないが、マクロの自動記録を使う意味はもうひとつある。クリックの繰り返しで行った作業は、もしどこかにミスがあれば、あとで作業過程を振り返っても、そのミスに気づかない可能性がある。それに対し、マクロの自動記録を行っていれば、あとでどんな手順で何をしたかをチェックできるのだ。

　ビジネスデータ分析でのデータ処理は単純作業であることが多い。だからこそ、手間を省き、さらにうっかりミスを回避するためにも、マクロの活用はおすすめである。

Mission4 変数の組み合わせ

顧客満足度を分析せよ

マーケティングで重要なのは、どれだけ顧客が満足しているのかを把握することだ。顧客になってもらっても、一度きりの顧客ではビジネスが成り立たない。満足度を基にすれば、その店の問題点・改善点も見えてくる。Mission4では、とあるコーヒーショップの調査データ（アンケートデータ）を基に、要約や比較分析を駆使してデータ分析を見ていこう。

ここでマスターする手法と考え方

- ☑ どんな要因(項目)を改善すれば満足度が高まるかを知る ▶ **重要度を把握する**
- ☑ 満足度改善のために着手すべき要因(項目)を選定する ▶ **CS分析**
- ☑ 満足度を要約する ▶ **平均**
- ☑ 自社の満足度から競争優位を判断する ▶ **他社との比較**
- ☑ 自社の満足度の改善結果や今後の課題を検討する ▶ **時系列データによる比較**

> 週に何回来店しているかで満足度のデータを分類してみると新しい戦略が立てられるな

1. 顧客の満足度を把握する「CS調査」……………………… 78
2. 満足度に「重要度」を加える調査 ………………………… 80
3. マッピングで問題点を視覚化する ………………………… 82
4. セグメンテーション(顧客分類)の活用法 ……………… 84
5. 平均以外に着目したいデータの分布 ……………………… 86
6. ひとつのデータでも角度をかえて分析する …………… 88
7. 他社との比較からわかること「相対評価の重要性」…… 90
8. 時系列調査から強みと弱点をあぶり出す ……………… 92

1 顧客の満足度を把握する「CS調査」

Key word　平均、比較、定量調査

> 安定した経営には
> リピート客が必要だけど
> そのためには一人ひとりを満足させないと

> だからあなたに顧客満足度を調査してほしいの
> それで　どんな結果になったか教えてくれないかしら

▶満足度の把握のみでわかることとわからないこと

　昨今、顧客満足度を理解するために**顧客満足度調査**（CS調査）を実施する企業が多い。この調査は、ヒアリングなど定性調査で行われることもあるが、多くの場合、選択肢調査など**定量調査**によって行われる。たとえば、個々の評価項目について、5点満点（5：満足～1：不満）の形で評価させるというものだ。

　この調査結果も分量が多くなければ、そのまま眺めて傾向を把握できるかもしれないが、データが大量になれば何らかの要約処理をした方が、全体像を把握しやすい。ここでも平均値を用いるのが有効だ。

　右表は、個々の満足度の平均値をまとめたものである。この結果から、どんな意思決定をするだろうか？

●データ分析の目的は？

　注意したいのは、ビジネスデータ分析を行う際、**真の目的は何であるか**を常に忘れないことだ。この場合、個々の項目の満足度を知ることが真の目的ではないはずだ。より重要なのは、顧客の再来店意向に影響する項目の満足度を特定する

用語解説　定性調査…ヒアリング調査や観察調査など、数値では表せない情報を収集する調査

ことだったり、もう来たくないという顧客がどこからそう感じてしまったかを知ったりすることだろう。

つまり、これら平均点を読み解くには、単に平均の大きさだけではなく、それらの項目の重要度を加味しなければならないのだ。

コーヒーショップの個別項目の満足度（平均点）

	満足度
A．飲み物の品揃えが豊富	4.8
B．食べ物の品揃えが豊富	2.2
C．関連グッズの品揃えが豊富	1.7
D．おいしい	4.2
E．メニューが見やすい	4.5
F．内装のセンスが良い	3.1
G．席が豊富	4.3
H．従業員の態度が良い	2.3
I．商品が出るのが早い	3.9

このデータには、主に2つの見方ある。

ひとつは、「飲み物の品揃えが豊富（4.8）」「メニューが見やすい（4.5）」という高得点項目が強みなのだから、さらに強化すべき、または維持すべきという指摘ね。

もうひとつは、「関連グッズの品揃えが豊富（1.7）」「食べ物の品揃えが豊富（2.2）」といった低得点項目を要改善項目とする指摘だ。

はたしてこれらの指摘は理にかなっているだろうか（答えは次項）。

統計力 UP！

個々の満足度の平均値の評価のみではわからないものがある。ある基準（満足度）だけでわからないならば、他の基準を組み合わせる可能性を考えよう。

Mission 4　顧客満足度を分析せよ

2 満足度に「重要度」を加える調査

> 🔒 **Key word**　満足度－重要度調査、変数の組み合わせ

▶ 重要度を加味して満足度と検討すると、より深い知見が得られる

　仮に、前項で行った個々の満足度の把握が、再来店意向をいかに高めるかを知るための分析だったとしよう。そうならば、これら項目の満足度に加えて「それぞれの項目について、コーヒーショップを選ぶ際にどれくらい重視するかお答えください」というように、重要度を聞く設問を併設し、**満足度－重要度調査**へ拡張すれば、さらに深い検討ができる。その集計結果を組み合わせたものが右表である。

　この結果を見れば、前項のデータ分析に対する答えは次のようになる。「飲み物の品揃えの豊富さ」と「メニューの見やすさ」はともに満足度が高いが、重要度が大きく異なり、コーヒーショップ選びには、飲み物の品揃えの豊富さをより重視すべきという知見を得るだろう。一方の満足度の低い項目では、「食べ物の品揃えの豊富さ」の方が「関連グッズの品揃えの豊富さ」よりも優先して改善を検討すべきなのは明らかだ。

● **データを組み合わせて分析する**

　このようにビジネスデータ分析では、変数を組み合わせることで、単独ではわかり得ない知見が得られることがある。また、分析方法を難しく高度な手法に変える前に、今使っている手法(この場合、平均値)のまま、対象とする変数やその組み合わせを検討する方が、簡単に知りたいことにたどり着けることも多い。

まずは、手法という道具を増やすことを考える前に、応用先を広げることを考えたい。

満足度と重要度の平均の組み合わせ結果

	重要度	満足度
A．飲み物の品揃えが豊富	<u>4.9</u>	**4.8**
B．食べ物の品揃えが豊富	4.9	2.2
C．関連グッズの品揃えが豊富	2.6	1.7
D．おいしい	3.7	4.2
E．メニューが見やすい	<u>2.8</u>	**4.5**
F．内装のセンスが良い	2.3	3.1
G．席が豊富	4.9	4.3
H．従業員の態度が良い	4.6	2.3
I．商品が出るのが早い	3.6	3.9

満足度と重要度を併せて検討すると、同じように高い満足度を示した「飲み物の品揃えが豊富（満足度：4.8）」「メニューが見やすい（満足度：4.5）」であっても、より重視すべきなのは、「飲み物の品揃えが豊富（重要度：4.9）」であることがわかるわ。

Mission 4 顧客満足度を分析せよ

ONE POINT

目的は詳細に設置する

　ここでは「再来店意向」を知りたいこととして例示したが、目的となる基準はより詳細に設定した方が良いことがある。たとえば、「どんな項目をコーヒーショップを選ぶ際に重視しますか」と聞くとしても、「一人で来るとしたら」や「友人と来るとしたら」という条件がつけば、答えは異なるかもしれない。

　ビジネスデータ分析の目的は、一般論を知るためにあるのではない。自身の目的を具体的に考え、それに適したデータを対象にして適切な分析をすることが重要である。

3 マッピングで問題点を視覚化する

Key word　散布図、マッピング

> うーん……どう思う？

> データ分析は数字の羅列で読みにくいなあ

> 図にするなど見せ方を工夫してどこを強化、改善すべきかわかりやすくしてくれ

▶ マッピングで自社の強みと要改善ポイントを把握する

　右のマップは、前項の集計表を視覚化したものだ。この2つの変数（満足度と重要度）を付置したグラフを**「散布図」**と呼び、ビジネスデータ分析でもっともよく使われ、かつ効果的なグラフのひとつであり、**「マッピング」**とも呼ばれる。これは前項の表よりも、明らかにわかりやすいまとめになっている。

　このマップの右上の象限には、重要度が高く、満足度も高い項目が付置される。したがって、右上の「飲み物の品揃えの豊富さ」や「席が豊富」といった項目は、このお店の強みを表していることになる。一方、右下の項目は、顧客が重要と感じているにもかかわらず、満足度が低い項目であり、改善を要する項目（要改善

ポイント）となっていることがわかる。この場合、「従業員の態度改善」と「食べ物の品揃えの改善」がそれに該当する。

　また、満足度が低くても、左側（重要度が低い）に付置されている項目は、改善は望まれるが、それほど緊急性を要さなかったり、場合によってはその項目自体を提供サービスから外せるのであれば、廃止の可能性を模索できる。

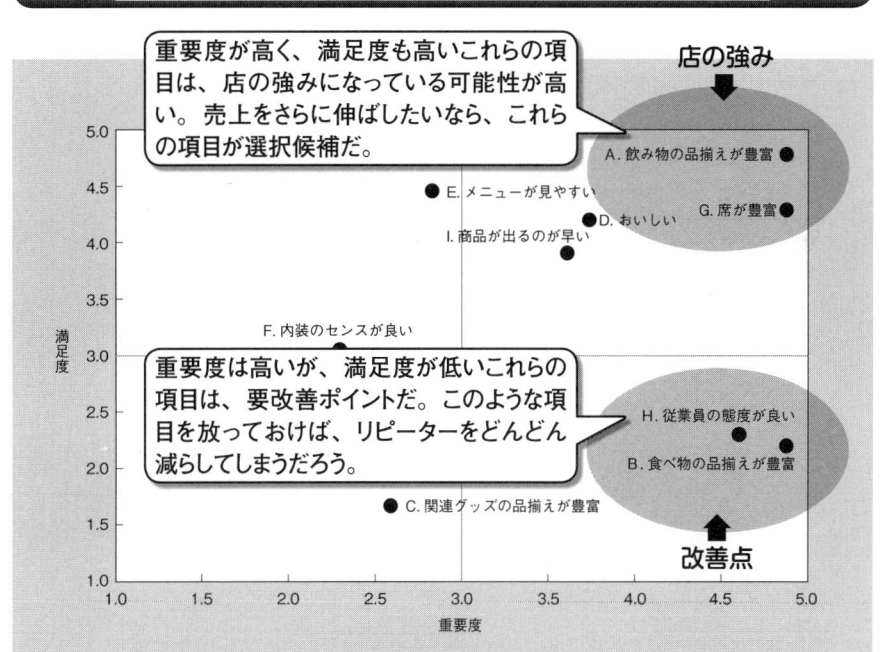

CSポートフォリオ（平均）

重要度が高く、満足度も高いこれらの項目は、店の強みになっている可能性が高い。売上をさらに伸ばしたいなら、これらの項目が選択候補だ。

店の強み
- A. 飲み物の品揃えが豊富
- E. メニューが見やすい
- G. 席が豊富
- D. おいしい
- I. 商品が出るのが早い
- F. 内装のセンスが良い

重要度は高いが、満足度が低いこれらの項目は、要改善ポイントだ。このような項目を放っておけば、リピーターをどんどん減らしてしまうだろう。

改善点
- H. 従業員の態度が良い
- B. 食べ物の品揃えが豊富
- C. 関連グッズの品揃えが豊富

縦軸：満足度（1.0〜5.0）
横軸：重要度（1.0〜5.0）

Mission 4　顧客満足度を分析せよ

ONE POINT

CSポートフォリオ

　顧客満足度調査を、個別の満足度と重要度の組み合わせで評価する方法は、「CSポートフォリオ」と呼ばれることもある重要な手法だが、この例のようにひとつのポートフォリオのみで有効な知見が得られるとは言い難い。さらに実践的な知見を得るには、「比較」という視点を活用しなければならない。
　次項では比較の視点からCSポートフォリオのより積極的な使い道を考えてみよう。

用語解説　ポートフォリオ…投資信託や金融機関など、機関投資家の所有有価証券の一覧表

4 セグメンテーション（顧客分類）の活用法

Key word データの分割、比較

- 顧客のデータはどのように分類するのか？
- データの分割のしかたは？
- 共通性と個別性から見えるもの

▶ 目的に即して顧客をセグメント化するがごとく、データも分割する

　顧客満足度を上げること。これはもちろんすべての顧客を対象とすべき課題である。ただし、「再来店意向につながる顧客満足度向上」というようなテーマ設定がなされると事情が変わる。ここには、「どんな顧客の再来店意向の向上にフォーカスすべきか」という視点が不可欠だからだ。

　まず、「来店が週3回に満たないミドルユーザーをヘビーユーザー化したい」という課題を設定したとする。とすれば、たとえば来店回数を週3回で区切り、それぞれでCSポートフォリオを作成するというアイディアが浮かぶ。

　右ページの上図は来店が週3回以上の顧客、下の図が週3回未満の顧客での結果である。

この異なる顧客セグメントを比較することで、候補となる戦略・戦術の共通性と個別性が評価できることは、実務上重要な課題である。データを分割した上での分析は、そのために強力な武器となる。

顧客ごとの CS 分析比較

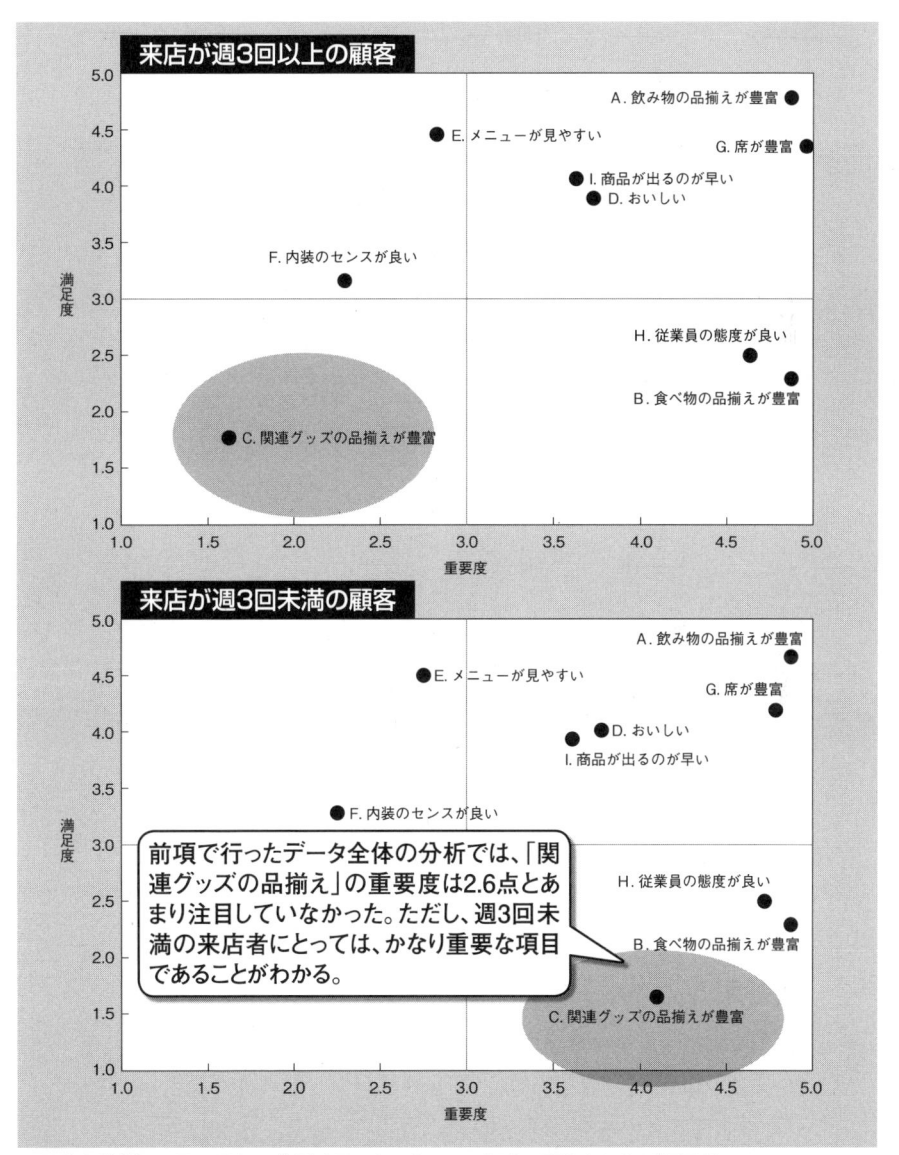

来店が週3回以上の顧客

（散布図：横軸=重要度、縦軸=満足度）
- A. 飲み物の品揃えが豊富
- E. メニューが見やすい
- G. 席が豊富
- I. 商品が出るのが早い
- D. おいしい
- F. 内装のセンスが良い
- H. 従業員の態度が良い
- B. 食べ物の品揃えが豊富
- C. 関連グッズの品揃えが豊富

来店が週3回未満の顧客

（散布図：横軸=重要度、縦軸=満足度）
- A. 飲み物の品揃えが豊富
- E. メニューが見やすい
- G. 席が豊富
- D. おいしい
- I. 商品が出るのが早い
- F. 内装のセンスが良い
- H. 従業員の態度が良い
- B. 食べ物の品揃えが豊富
- C. 関連グッズの品揃えが豊富

> 前項で行ったデータ全体の分析では、「関連グッズの品揃え」の重要度は2.6点とあまり注目していなかった。ただし、週3回未満の来店者にとっては、かなり重要な項目であることがわかる。

顧客を分割してそれぞれで分析することによって、初めて明らかになる知見だ。

Mission 4　顧客満足度を分析せよ

5 平均以外に着目したいデータの分布

Key word データの分布

▶ 順序尺度はその出現比率も重要だ

　右の3つのグラフを見てみよう。1から5の順に、不満から満足の程度を表している。このような意味のある尺度を順序尺度という。それぞれ5つの選択肢で満足度を調べた場合に、ありうる回答傾向の違いを例示したものだ。

　Ⓐのように真ん中の3が多く、左右に散らばる凸型の場合もあれば、Ⓒのように1や5が多く3が少ない凹型の場合もある。しかし、実は一見バラバラなこれらのデータでも平均を計算すると、すべて3になる。「要約とは情報を捨てていく作業だ」と指摘してきたが、このような場合、単に平均3ですべて同じ傾向だといってしまうのはあまりに乱暴である。

　平均などの要約指標を用いる前に、**データの分布（散らばり具合）** を確認できるグラフを使って、これは平均を求める方法でよいのかどうか、その妥当性を検証したい。選択肢によるデータなら、棒グラフ（度数分布）を用いるのが有効だ。

同じ平均3でも異なるデータ分布の例

このように図示してみれば、同じ平均でも元データはさまざまなパターンだったことがわかるわね。

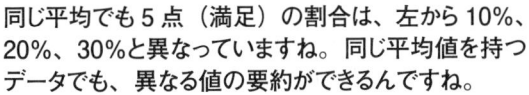

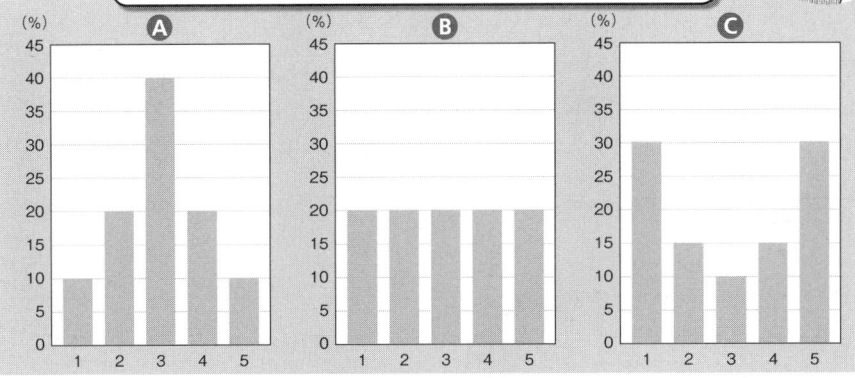

同じ平均でも5点（満足）の割合は、左から10％、20％、30％と異なっていますね。同じ平均値を持つデータでも、異なる値の要約ができるんですね。

統計力UP!

確かに平均値は便利な指標だが、平均以外にも全体傾向を把握できる方法はある。たとえば「比率」だ。CS分析では、両者の使い分けが重要になることも少なくない。

変数間の比較が使えるのは、単に全体平均としてのばらつきにのみではない。では、特定の日の売上金額と来店人数を直接比較するには、どうしたらよいだろうか（答えは次項）。

ONE POINT: 標準偏差で大きさを調べる

上のグラフのように、一つひとつ図にしていくのが理想だ。しかし、すべてをグラフにするのはたいへんなこともあるだろう。そんなときには、標準偏差（平均からのばらつきの指標〈P.22参照〉）を用いてみよう。上記の3つのデータで標準偏差を求めれば、A＜B＜Cの順で値が大きくなる。グラフにしなくても傾向がわかるということだ。

6 ひとつのデータでも角度をかえて分析する

Key word CSポートフォリオ

> 物事をひとつの面から見ているだけじゃダメよ 似ていても新たな結果がわかることもあるわ

> こっちの平均を基にしたグラフだと席の豊富さと出ているぞ

> 比率を基にグラフにすると飲み物の品揃えに関する満足度が高いのかぁ

▶ 異なる基準で分析した結果を比較すると……

　右の2つのグラフを見てみよう。①が5点をつけた**比率**で作成したもの、②が平均で作成した**CSポートフォリオ**だ。

　個々の項目の位置関係は似てはいるものの、「A. 飲み物の品揃えが豊富」と「G. 席が豊富」では、その関係がかなり変化していることがわかる。これは、同じような平均点でも回答の分布が異なっていることが反映された結果だ。

　このことからわかるのは、要約の手法は一通りではないということである。どの要約のしかたがよいといった答えはない。できれば、いくつもの指標で分析して比較検討してみよう。

比率と平均によるグラフの比較

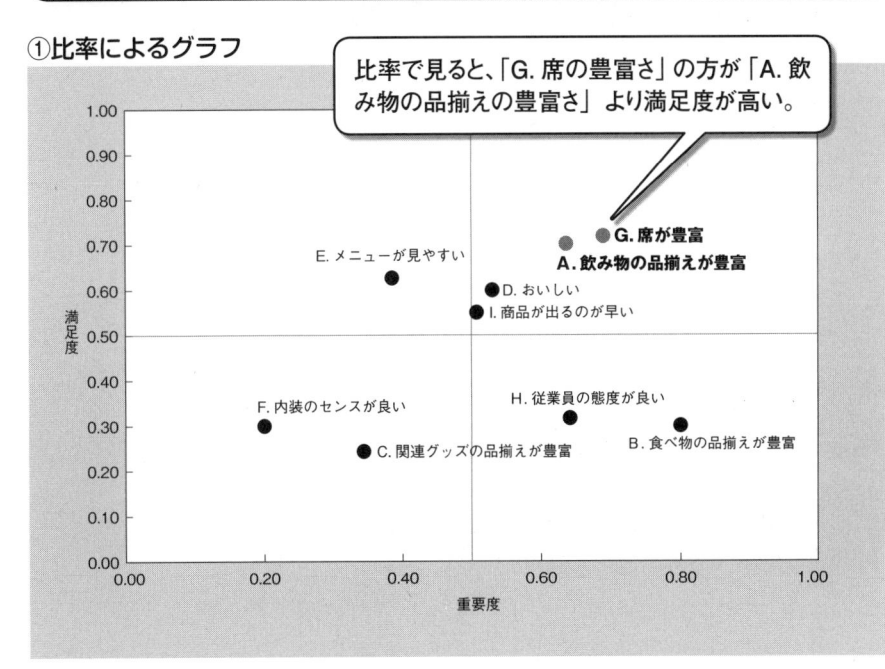

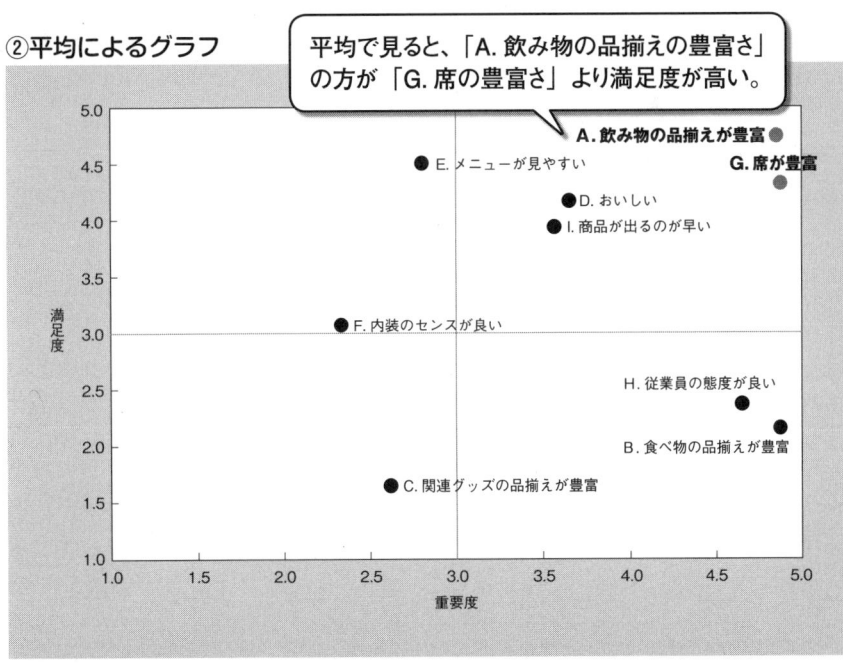

①比率によるグラフ

比率で見ると、「G. 席の豊富さ」の方が「A. 飲み物の品揃えの豊富さ」より満足度が高い。

- G. 席が豊富
- A. 飲み物の品揃えが豊富
- E. メニューが見やすい
- D. おいしい
- I. 商品が出るのが早い
- F. 内装のセンスが良い
- H. 従業員の態度が良い
- C. 関連グッズの品揃えが豊富
- B. 食べ物の品揃えが豊富

縦軸：満足度（0.00〜1.00）
横軸：重要度（0.00〜1.00）

②平均によるグラフ

平均で見ると、「A. 飲み物の品揃えの豊富さ」の方が「G. 席の豊富さ」より満足度が高い。

- A. 飲み物の品揃えが豊富
- G. 席が豊富
- E. メニューが見やすい
- D. おいしい
- I. 商品が出るのが早い
- F. 内装のセンスが良い
- H. 従業員の態度が良い
- B. 食べ物の品揃えが豊富
- C. 関連グッズの品揃えが豊富

縦軸：満足度（1.0〜5.0）
横軸：重要度（1.0〜5.0）

Mission 4　顧客満足度を分析せよ

7 他社との比較からわかること「相対評価の重要性」

> **Key word**　ブランドポジショニングマップ

- 競合店との比較でわかることは？
- 満足度の比較の方法は？
- 絶対評価と相対評価

▶他社との比較によって見えてくるもの

　仮に顧客が選べる範囲に自店しかなければ、今まで見てきたような自店のみの評価分析で、戦略・戦術決定ができるかもしれない。しかし、競合店があれば、結果の読み方は変わってくるだろう。

　たとえば、席の豊富さは、確かにこの店の強みであったが、競合店はさらに高い満足度を獲得しているとする（One Point 参照）ならば、席が空くのを待たされたくないときなどは、競合店が選ばれる可能性が高いだろう。

　重要なのは、絶対的な評価だけではなく、相対的な評価（この場合、競合との相対評価）なしには、十分な意思決定ができない可能性を忘れてはならない。

統計力 UP!

　分析では、常に比較の可能性を考えること。「何を比較すべきか」がわかるようになれば、ビジネスデータ分析力は、一気にアップする。

競合店との満足度の比較

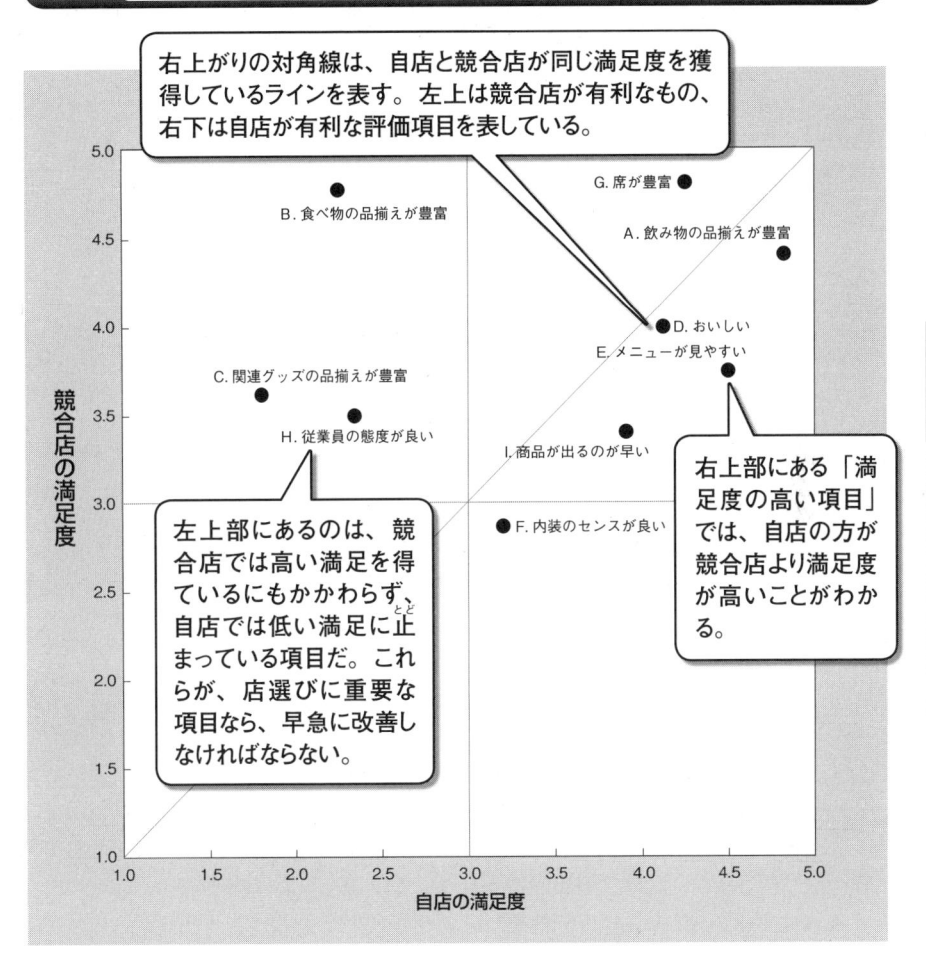

右上がりの対角線は、自店と競合店が同じ満足度を獲得しているラインを表す。左上は競合店が有利なもの、右下は自店が有利な評価項目を表している。

右上部にある「満足度の高い項目」では、自店の方が競合店より満足度が高いことがわかる。

左上部にあるのは、競合店では高い満足を得ているにもかかわらず、自店では低い満足に止(とど)まっている項目だ。これらが、店選びに重要な項目なら、早急に改善しなければならない。

グラフの軸: 縦軸「競合店の満足度」(1.0〜5.0)、横軸「自店の満足度」(1.0〜5.0)

プロット項目:
- A. 飲み物の品揃えが豊富
- B. 食べ物の品揃えが豊富
- C. 関連グッズの品揃えが豊富
- D. おいしい
- E. メニューが見やすい
- F. 内装のセンスが良い
- G. 席が豊富
- H. 従業員の態度が良い
- I. 商品が出るのが早い

Mission 4　顧客満足度を分析せよ

ONE POINT

ブランドポジショニングマップ

マーケティングの世界では、しばしば自社と競合他社などブランド間の位置関係を把握するために、ブランドポジショニングマップが利用される。多くは、複数の基準で測定されたブランドが点として付置されるが、上図のように、比較するブランドが2つであれば、軸にブランド視点を置き、評価項目を付置するようなブランドポジショニングマップも作成できる。

8 時系列調査から強みと弱点をあぶり出す

Key word 　二時点の比較、時系列調査

> ビジネスもデータ分析も一時の交渉や調査のみで完結するものではないんだな

> そうね　時間をあけた調査でさらに深い分析ができると思うわ

▶時系列の変化を読むことで改善点が見えてくる

　右表とグラフは、**二時点の調査結果**を平均値で集計し、**CSポートフォリオ**上に、同時に付置したものだ。それぞれの結果を矢印で結び、変化がわかりやすいように工夫してある。このように、同じ調査を複数時点で行う調査を**時系列調査**という。

　今回は、多くが右上に向かう矢印になっている。これは顧客が重要と感じている項目で、しっかり満足度向上が実現できている証拠だ。

　なお、幸い今回の分析には出現していないが、矢印の向きが右下に向かっているものは、特に危険な項目である。それは、顧客にとって重要度が増しているにもかかわらず、満足度が下がってしまっている項目といえるからだ。

　この右下がり矢印が、右上の象限に現れたときこそ、この時点比較の意義がある。というのは、一時点の評価のみであれば、右上象限にある項目は強みとしか評価できないが、二時点など時間による傾向の推移を追うことで、その強みが弱みに転じる可能性を判断できる。

CSポートフォリオ（平均）の二時点比較

改善前

	重要度	満足度
A. 飲み物の品揃えが豊富	4.9	4.8
B. 食べ物の品揃えが豊富	4.9	2.2
C. 関連グッズの品揃えが豊富	2.6	1.7
D. おいしい	3.7	4.2
E. メニューが見やすい	2.8	4.5
F. 内装のセンスが良い	2.3	3.1
G. 席が豊富	4.9	4.3
H. 従業員の態度が良い	4.6	2.3
I. 商品が出るのが早い	3.6	3.9

改善後

	重要度	満足度
A. 飲み物の品揃えが豊富	4.6	4.7
B. 食べ物の品揃えが豊富	4.7	3.8
C. 関連グッズの品揃えが豊富	2.3	1.7
D. おいしい	3.6	3.5
E. メニューが見やすい	2.3	4.4
F. 内装のセンスが良い	2.7	3.0
G. 席が豊富	4.5	4.3
H. 従業員の態度が良い	4.8	2.7
I. 商品が出るのが早い	3.1	3.0

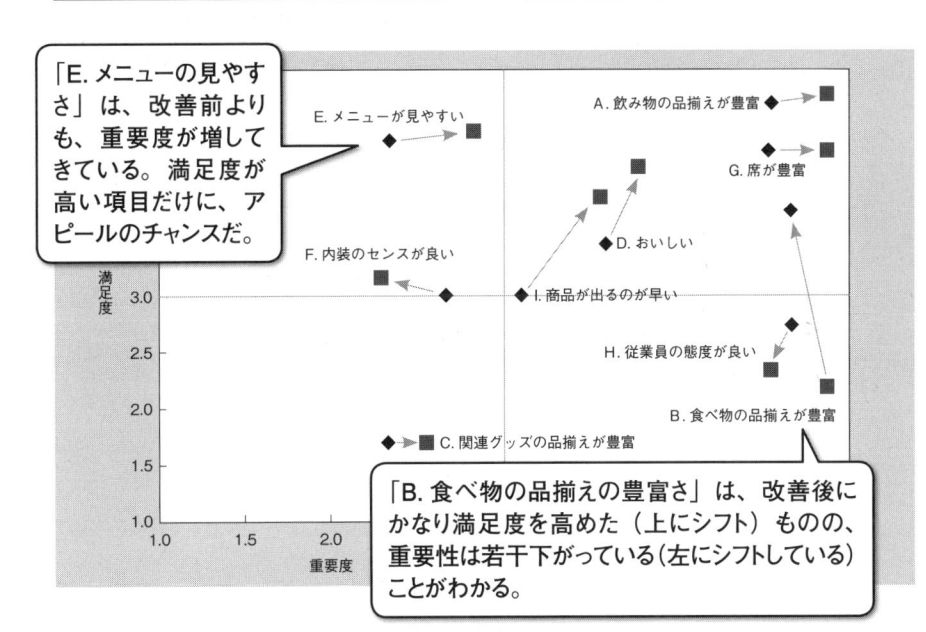

Mission 4 顧客満足度を分析せよ

「E. メニューの見やすさ」は、改善前よりも、重要度が増してきている。満足度が高い項目だけに、アピールのチャンスだ。

「B. 食べ物の品揃えの豊富さ」は、改善後にかなり満足度を高めた（上にシフト）ものの、重要性は若干下がっている（左にシフトしている）ことがわかる。

統計力UP!

時系列で結果を比較しなければ、見えないことも多い。ある時点の対象間比較（店舗比較など）だけでなく、自店間比較も視野に入れなければならない。

Column4
他者のプレゼン資料で
プレゼンしてみよう

▶データによるストーリー展開力と構成力を高める

　ビジネスデータから知見を得るためには、意外な切り口で分析する想像力と、分析結果から現実を読み取る読解力が必要だ。ただし、これだけでは、ビジネスで活用できるデータのプロにはならない。
　データを用いた他人のプレゼンを聞いたときに、「結局なんなんだ」とか「細かな点ばかりに気が取られる」というような経験はないだろうか。データ分析を基にしたプレゼンは、"イイタイコト"が見えにくくなることがある。

　データ分析による結果（イイタイコト）をうまく主張するには、必要な分析結果をわかりやすく、適切に配置するストーリー展開力と構成力が必要だ。この2つの力も、ビジネスデータ分析力として、併せてマスターしたい。

その具体的な習得方法は、他人の作ったプレゼン資料で、自分がプレゼンしてみることだ。自分が作った資料でない以上、細かな点までは説明できないだろう。そうなれば、まずこの資料で〝イイタイコト〟を見抜き、そしてその〝イイタイコト〟をサポートする最低限必要な分析結果を見つけ、順序などを入れ替え、再構成する必要がある。

この練習を繰り返すと、無駄な分析結果には2種類あることがわかってくるだろう。ひとつは〝イイタイコト〟と関係ない結果、もうひとつは、それがあるために〝イイタイコト〟の価値がかえってわかりにくくなる結果だ。

ぜひ、この練習を通じて、せっかくマスターした分析力をビジネスで活かせるようにストーリー展開力と構成力を身につけて欲しい。

Mission5 仮説

仮説視点で
ビジネスデータを活用せよ

ビジネスでは現状をさらに良い状態にもっていくことが重要であり、そのためにはデータを分析し、目標を立てる。ただし、やみくもに目標を立てても意味はない。
Mission5 では、今あるデータを分析して仮説を立て、その検証方法をマスターしよう。

ここでマスターする手法と考え方

☑ データ分析に適した仮説を立てる ▶ **仮説の考え方、仮説の4つの型**
☑ 仮説を検証する ▶ **仮説をグラフで検証する**

さらに来店人数を伸ばすためにできることは宣伝以外になにがあるのかしら

ワインの満足度も男女で分けて分析すると違いが出てくるんだろうなぁ

1 ビジネスデータ分析とポジショニング ………………………… 98
2 目標を設定するために仮説を立てる …………………………… 100
3 金額か個数か？ 売上向上の目標を設定する ………………… 102
4 仮説を文章化して原因と結果を明確にする …………………… 104
5 「量的データ」と「質的データ」で何を把握する？………… 106
6 グラフで満足度の仮説を検証する ……………………………… 108
7 誤るリスクを踏まえて仮説を主張する ………………………… 110
8 仮説の検討は比較のみでは十分ではない ……………………… 112

1 ビジネスデータ分析とポジショニング

> **Key word** ポジショニング、目標設定、戦略、戦術

> データを分析した目的とその全体像を確認するためには「ポジショニング」が重要です

▶分析の成否は何を明らかにするかについての事前検討がカギ

　マーケティングには、**「ポジショニング」**という考え方がある。これは、今（t時点）のポジションを、さらに好ましいポジション（t＋1時点）に移行させるというものであり、それを実現するための戦略・戦術の構築を含むプロセスである。

　データ分析にポジショニングの考え方を援用することを勧める理由は、主に2つある。ひとつは、ポジショニングを検討するには、その基準での**現在のポジションを把握**しておくことが不可欠であり、こうすることでMission4までに紹介してきた要約と比較といった、まさにこの現状把握の際に威力を発揮するデータ分析の技が活用できるためだ。

●好ましいポジションにするための戦略を立てる

　もうひとつは、ポジショニングを実現するためにどのような要因をコントロールすべきかという戦略・戦術立案は、まさに仮説構築そのものであり、仮説構築

ならびに仮説の検証を得意とする統計学の技をビジネスデータ分析で活用できるためだ。

　ビジネスの視点から考えれば、戦略・戦術を考える際に、ゴールを設定することは、とても自然なことだろう。ポジショニングによって、それが容易になるのだ。

ポジショニング

> ビジネス戦略は、現在のポジションからより好ましいポジションへのシフトを目指す目的で立てられる。したがって、まずは、今のビジネスポジションを把握し、目標となるポジションを設定するんだな。

Positioning

Position t
⬇
Position t +1

> 把握すべきポジションは、①マーケットにおけるポジションと、②顧客の知覚上のポジションの2つですね。

統計力 UP!

　分析前に「何を明らかにすれば成功なのか」をしっかり考えておくことが重要だ。いわば、落としどころを考えた分析でなければ、いくら分析してもビジネスには役立たない。

Mission 5　仮説視点でビジネスデータを活用せよ

2 目標を設定するために仮説を立てる

🔒 **Key word**　ポジショニング、目標設定、戦略、戦術、操作可能性、4Ps

> このポスターは携帯電話の販売ブースに貼ることになりました
>
> 「より高い来店者数の確保」が今回の目標ポジションです
>
> ポスターによるプロモーションは人に影響を与える要因のひとつか
>
> その他にもうちが人を操作できる要因がありそうですね

▶目標に影響する要因を列挙し、その要因をタイプ分けする

　目的に沿った基準による現状把握と目指すべきポジションの検討が済んだら、次に、その目標ポジションの達成に影響する要因を列挙しなければならない。たとえば、ある小売店が、"より高い来店人数の確保"という目標ポジションを設定したとしよう。そうすると、**品揃えの充実や接客内容（Product）、価格づけ（Price）、陳列や店舗に至る動線の改善（Place）、チラシやポスター（Promotion）**というような個別の項目から来店人数に影響するのではないかという仮説が立てられるだろう。

　さらにどんな品揃えが良いのかというように具体化する必要もあるが、まずは影響する要因の列挙が全体像の把握には重要である。

●操作ができる要因を検討する

　その上で、これら影響要因が、自社にとって操作可能か否かについての検討が必要だろう。もちろん、影響要因には、操作不可能な要因もある。たとえば、景気は来店人数に影響を与えるだろうが、これを直接操作できないことは明らかだ。

さて、これを**「原因」**と**「結果」**の形で図示するとどうなるか。下図は、ポジションとそれに影響を与える項目を矢印でつないだものである。矢印が出ている方が原因系で、刺さっている方が結果系だ。そして、この矢印一つひとつが仮説ということになる。

ポジショニング＋4Psとビジネスデータ分析

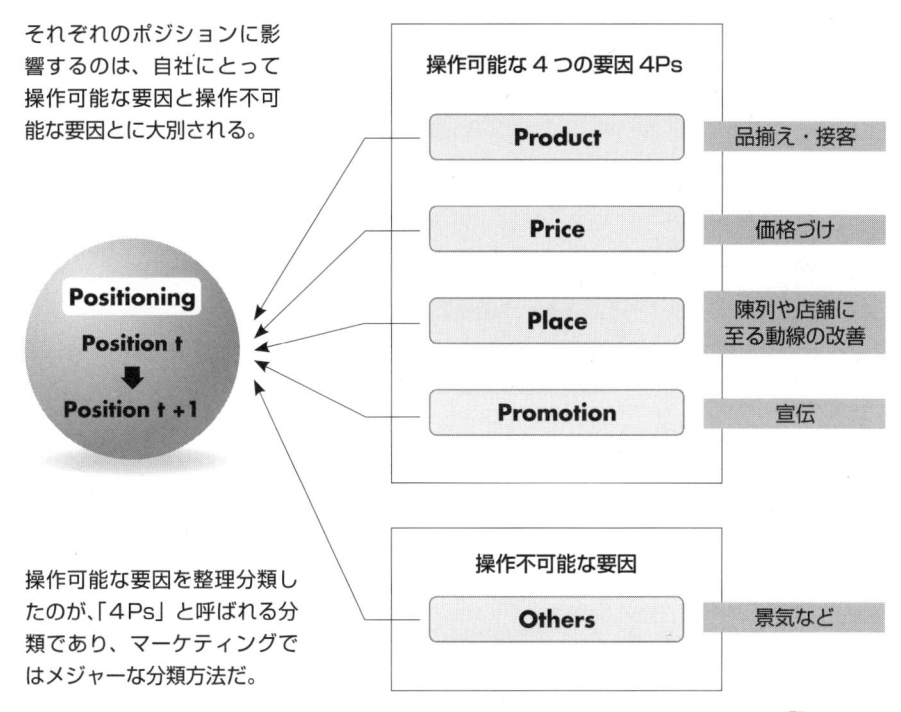

それぞれのポジションに影響するのは、自社にとって操作可能な要因と操作不可能な要因とに大別される。

操作可能な4つの要因 4Ps

- Product — 品揃え・接客
- Price — 価格づけ
- Place — 陳列や店舗に至る動線の改善
- Promotion — 宣伝

Positioning
Position t
↓
Position t +1

操作可能な要因を整理分類したのが、「4Ps」と呼ばれる分類であり、マーケティングではメジャーな分類方法だ。

操作不可能な要因

- Others — 景気など

> これらの仮説の矢印すべてを検証する必要はない。そのなかから重要と思われる仮説にフォーカスし、本当に影響するのか、影響するとしたらどういう影響があるのかなどを、データ分析によって検証していこう。

Mission 5　仮説視点でビジネスデータを活用せよ

統計力UP!

　この仮説に基づいたデータ分析が、現状把握のためのデータ分析と共に、ビジネスデータ分析を支える重要な柱である。

3 金額か個数か？売上向上の目標を設定する

> **Key word**　結果系の設定、具体化

> このワインを目玉に売上を上げる目標を設定したのか？売上といっても売上金額なのか売上個数なのかがわからないな……

> 金額と個数では目標が違いすぎると思うんだけど

> そうね、どちらにするかで目標達成のプロセスは違ってきてしまうわ

▶結果系の設定は具体的に

　目標（結果系）の設定は、できるだけ具体化しておかないと議論がかみ合わないことがある。たとえば、結果系を「売上」と設定するとどうなるだろうか。ある人は「売上個数」を、ある人は「売上利益」をイメージしてしまうかもしれない。もちろん、売上個数と売上利益とでは、それを向上するための施策（原因系）は異なるだろう。まずは、**結果系の具体化**が必要である。

●検討しやすい目的を設定する

　さらに、この結果系を再分割（構成要素に分離）できないかについても、しっかり検討しておかないと仮説構築が適切に行えなくなる。
　右図のように、仮に「売上金額の増加」を目的（結果系）にして価格変更による改善を仮説として考えたとする。しかし、よく考えれば、売上金額は「価格×

販売個数」からなっており、原因系と結果系の両方に「価格」が含まれていることがわかるだろう。

　これでは価格の影響の有無を検討しにくい。

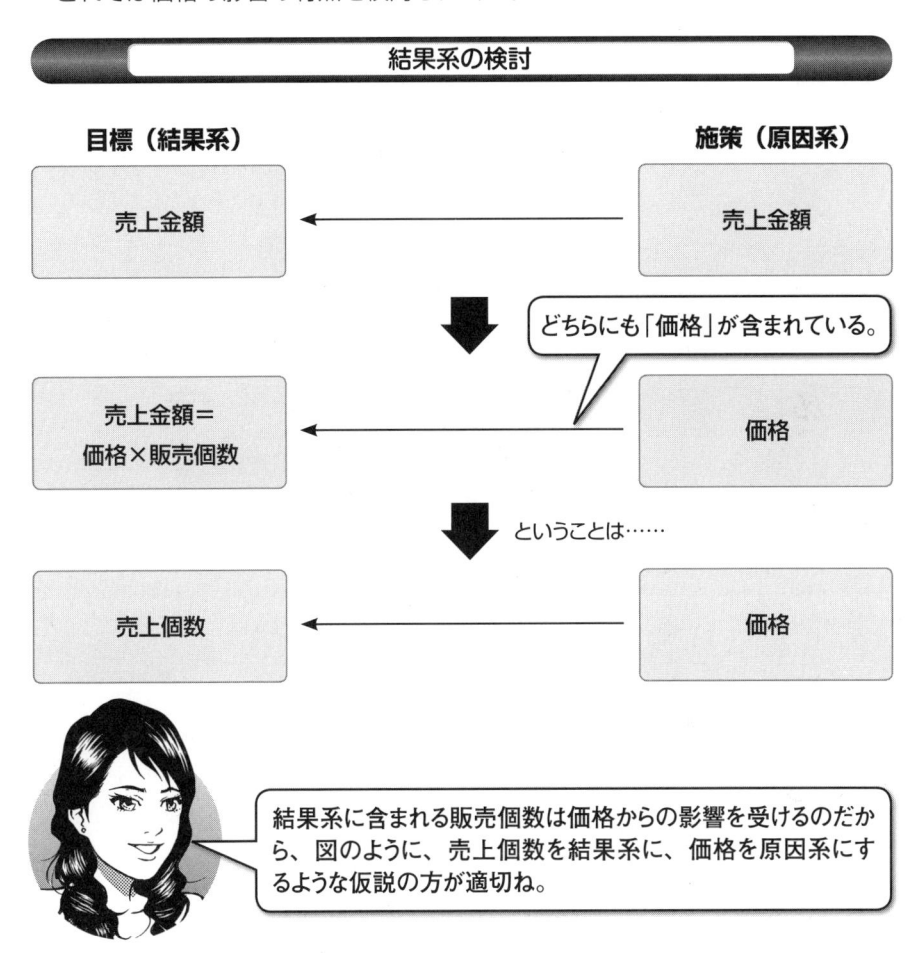

結果系の検討

目標（結果系） ← **施策（原因系）**

売上金額 ← 売上金額

どちらにも「価格」が含まれている。

売上金額＝価格×販売個数 ← 価格

ということは……

売上個数 ← 価格

> 結果系に含まれる販売個数は価格からの影響を受けるのだから、図のように、売上個数を結果系に、価格を原因系にするような仮説の方が適切ね。

　この例は簡単なので、そんな間違いはしないと思われるかもしれないが、しばしば原因と結果の分離が適切に行えていないことがある。用いる基準（売上金額）がさらに具体的な基準（販売個数と価格）に分割できないかを判断するクセをつけておきたい。

統計力UP!

結果系の設定は、できるだけ具体的に。その上で、その結果系が他の要因の組み合わせになっていないかを検討することも重要だ。

4 仮説を文章化して原因と結果を明確にする

> 🔒 **Key word** 仮説のカタチ、事前の予想

> 単に売上に広告が効くというようなアバウトな仮説はビジネス仮説とはいえないからな

▶ **仮説を立てるときは関係の有無ではなく、影響の仕方についても検討**

　前項の図示による仮説では、価格が売上個数に影響を与えるという形になっていた。これを「AがBだと、A'はB'だ」というようなカタチの文章にしてみよう。文章化にはビジネスデータ分析上、2つのメリットがある。

　ひとつは、このカタチに変換することで、データは **A & A'が基準となる変数名、B & B'がその値** となる。たとえば、「価格が上がると、売上個数が減る」というカタチにしておけば、価格と売上個数について、それぞれの値を収集し、分析すればよいことになる。

● **事前に結果を想定しておく**

　さらに、このカタチへの変換は、**原因系からの影響の仕方を加味**しておくことにつながる。今回の価格と売上個数のようなシンプルな例では、その結果は自明なことのように思われるかもしれないが、データ分析での「発見」とは、事前の予想と結果の違いから見つけるものである。

　さらに事前の予想をしっかり確認しておかないと、データ分析の結果がすべて事前に予想していたかのような錯覚に陥り、発見を見逃す危険性がある。そのためにも、仮説を明確にしておくことが有効だ。

仮説のカタチ

A → B ⟶ A' → B'

原因系　　　　　結果系

例)「男性ほどXブランドを好む」を以下のように変形すると

性別 → 男性 ➡ ① 好むブランド ➡ X　　または ➡ ② ブランドX ➡ 高い

A　　　　　　　A'　　　　　　　　　　　　　　　　　A'

①	性別	好みのブランド
1	男性	X
2	男性	Y
3	女性	Y
4	男性	X
⋮	⋮	⋮

②	性別	ブランドXの好み(10点満点)
1	男性	9
2	男性	8
3	女性	6
4	男性	8
⋮	⋮	⋮

表頭(変数)がAとA'になり、データはその値となる。

> 仮説を「A→B ⇒ A'→B'」のカタチに直すことができれば、AとA'が基準に、Bがその内容を表すデータになるのか。

統計力UP!

もし自明の結果だと思われる仮説ならば、どのくらい価格が上がると売上個数はどれだけ減るかという大きさまで想定しておくとよい。方向は一緒(価格が上がると売上個数が減る)でも、事前予想とは異なる大きさで影響が出ていたとすれば、何か過去の経験とは異なる状況に移っている可能性がある。

ONE POINT: 結果から原因を考える

ビジネスの現場では、「○○をうまく活用したい」といった、原因系からの発想をすることも少なくないだろう。その場合には、○○がどういうテーマに影響するかという仮説構築になる。ただし、その場合にも、結果系を列挙することにのみ注力するのではなく、列挙した結果系から○○以外の原因系(特に操作可能な原因系)を考えるようにしたい。

というのは、そのプロセスにより、活用したい○○と競合関係にあるものや組み合わせてシナジーを発揮できるものが見つかる可能性があるためだ。

用語解説 シナジー…経営戦略で、事業や経営資源を適切に結合すること

Mission 5　仮説視点でビジネスデータを活用せよ

5 「量的データ」と「質的データ」で何を把握する?

Key word 仮説のパターン、データの型、質的データ、量的データ

- データを種類で分けて活用する
- 「量的データ」と「質的データ」とは?
- 仮説の組み合わせ

▶知りたいことを量で測るか、質で測るかを検討する

　データを大別すると、①**量的データ（スケール）**と②**質的データ（名義）**とに分類できる。たとえば、平均使用回数や年齢、所得などの数値として考えられるものは、「量的データ」であり、一方、性別、使用経験の有無、好きか嫌いかなどは、「質的データ」である。たとえ選択肢が男＝１、女＝２と数値で入力されていても、これは量ではなく質的データである。単純に考えると、平均値などを計算して意味があるものが量、意味がないものが質としてもよいだろう。

●仮説は４つのパターンに分類できる

　さて、データをシンプルに上記の２つに分類すると、仮説の組み合わせは、右図のように４つのパターンに分類できる。詳細は Mission 6 で検討するが、この４つの仮説パターンには、それぞれ対応する表やグラフといった視覚化による分析と、仮説検定という手法があり、仮説の段階で分析結果のカタチのイメージがつくという利点がある。
　もちろん、ビジネス仮説には、原因系が２つ以上になることもあるが、まずは、この結果系と原因系がひとつずつ対応するような分析方法をマスターしたい。こ

うすることで、ビジネスデータ分析を、単なる現状把握から、データの検証に基づく主張にまで応用分野を広げることができるのだ。

データの型による仮説の4類型

それぞれの関心領域に応じて、4通りの仮説を考えてみよう。それぞれの仮説を主張するための検証には、どんなデータが必要かを検討することで、統計力がアップする。

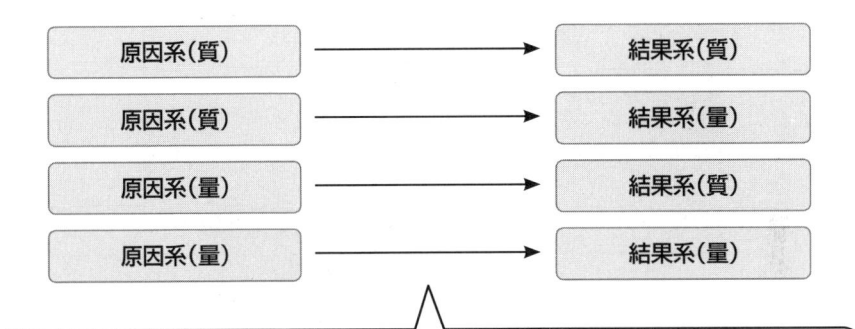

原因系（質）	→	結果系（質）
原因系（質）	→	結果系（量）
原因系（量）	→	結果系（質）
原因系（量）	→	結果系（量）

例）コンビニエンスストアについて

質→質
住んでいる地区の違いによって、人気のチェーンが異なる
（住まいがA区だと、好きなチェーンがS社である可能性が高い、など）

質→量
性別によって、一人あたりの購入金額（客単価）が異なる
（利用者が女性であると、男性に比べ、客単価が高い、など）

量→量
当日の気温によって、一人あたりの購入金額（客単価）が異なる
（気温が高い日の方が客単価が高い、など）

量→質
気温によって、買われる商品（サンドイッチを選ぶか、おにぎりを選ぶか）が異なる。
（気温が高いときには、おにぎりが選ばれる、など）

統計力UP!

ビジネス仮説は多岐にわたるテーマで設定可能である。ただし、データの種類を踏まえると、4つのパターンに分類できる。これを踏まえておけば、仮説検証も簡単だ。

Mission 5 仮説視点でビジネスデータを活用せよ

6 グラフで満足度の仮説を検証する

> 🔒 **Key word** グラフ、仮説の検証

(女性) ワインも男女で好みが違うのかしら

(男性) このワインは女性好みの香りだな

(解説者) 原因系が性別、結果系が満足度の仮説を検証してみよう

▶ 原因系が質、結果系が量の仮説をグラフによって検証する

　たとえば、あるワインAの使用テストをし、その満足度について１００点満点の評価をしてもらったとする。今回のワインAは、男女でその満足度が異なるのではないかと考えている。これはつまり、性別が満足度に影響を与えるという仮説であり、原因系が質（性別）、結果系が量（満足度）という仮説になっている。

　この質→量の典型的な比較では、質のグループ（男・女）ごとに結果系の量的データ（満足度）の平均値を計算し、それを比較する。今回は性別ということで、男・女の２グループでの比較になるが、もちろん、３グループ以上の比較でも、考え方は同じである。

下左の図は、縦軸を満足度（結果系）、横軸に男女（原因系）それぞれで計算した平均値をプロットし、線でつないだものである。

このとき、両者の値が異なれば、結んだ線は角度を持つ。つまり仮説の検証は、原因系の違いによって結果系の違いが明確であるかどうかを判断するのが、ひとつの方法であるといえるわけだ。

グラフによる仮説の検証

もし、全体での満足度の平均が74.8点であったとしよう。もちろん、平均より高い点数をつけた人もいるし、低い点数をつけた人もいる。
そこで、さまざまな基準でデータを分割し、平均値を比較してみた。以下は、性別と居住地域で分割し、それぞれ平均を比較した結果だ。

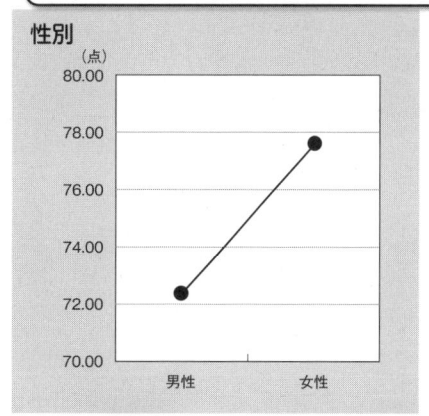

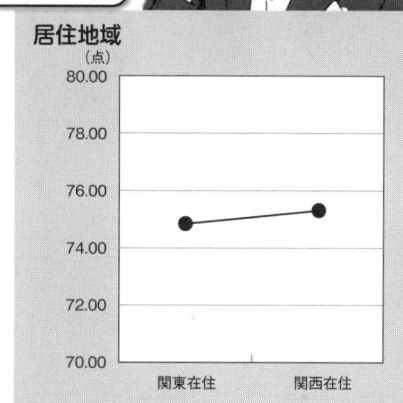

性別　（点）

居住地域　（点）

この結果を比較すれば、性別による分割の方が、居住地域による分割よりもメリハリがついていることが一目瞭然ね。
ということは、好みの高低に影響する要因としては、性別の方が居住地域よりも有効であると考えられるわ。
つまり、「性別によって好みが異なる」という仮説は、居住地域による仮説よりも妥当であることが検証されたわけね。

統計力UP!

仮説の検証とは、必ずしも仮説検定という統計手法を行わなければならないものではない。むしろ、視覚化による仮説の検証の方が本質的な分析である。

Mission 5　仮説視点でビジネスデータを活用せよ

7 誤るリスクを踏まえて仮説を主張する

Key word 仮説検定、有意確率、p値、リスク

> あの高級ワインの満足度は性別によって違いがあったようです

> t検定と呼ばれる仮説検定の結果 誤判断リスクはとても小さいようですね

> たまたま今回の結果になったわけではないようだな

> それなら自信を持って性別による差を前提に販売戦略を立てられるな！

▶仮説に誤判断リスクを加味して主張するために有意確率を活用

　もし、知りたい対象のすべてのデータが入手できるのであれば、分析結果を比較して、その差を断定できる。右表は、男性32人、女性32人にワインAの満足度を聞いたデータの平均値を比較したものだ。仮に、この32 + 32 = 64人だけを対象にしていたならば、平均的には女性のほうが満足度が高いと「断言」できる。

　ただし、この64名のデータは、知りたい対象から一部サンプリングしたデータだとしたらどうだろうか。この場合、事情は一変する。64人のデータはたまたま選ばれたデータであり、異なる64人をサンプリングしたとすれば、得られ

る平均値は異なる可能性があるためだ。

　つまり、一部のデータで比較する場合には、平均値のような統計指標を直接比較するだけではなく、「たまたま差がある結果になった」という可能性を加味しなければならないだろう。

　そこで Mission 3 でも用いた**「仮説検定」**という手法で、検討してみよう。下表では、2 グループの平均値に差があると主張できるかを検証するために、**「t 検定」**と呼ばれる仮説検定を行っている。

平均値の差の検定（t 検定）による仮説検定の結果

	男性	女性
平均	72.22	77.47
分散	63.467	49.805
観測数	32	32
仮説平均との差異	0	
自由度	61	
p（T<=t）両側	0.01	

　仮説検定の結果では、p 値と呼ばれる値が重要なポイントである。p 値（有意確率）は、「差がたまたま生じていると考えられる確率」である。つまり、「想定した原因系が、結果系に影響を与えている」といったときに、それが間違いである確率が求められたと考えられる。

　いわば、仮説を主張したときのリスクである。

> この場合、p 値は 0.01。つまり、この 64 人のデータで「性別の違いが満足度の違いに影響する」と主張したときにたまたまそういう結果になっただけだという判断リスクは、1% ということになる。このリスクの小ささなら、「性別によって満足度が異なる」と自信を持って言えるだろう。

統計力 UP!

　一見難しそうな仮説検定も、慣れてしまえば簡単だ。事例を数多くみて、方法を理解してしまおう。その際のポイントは、有意確率（p）の読み方だ！

Mission 5　仮説視点でビジネスデータを活用せよ

8 仮説の検討は比較のみでは十分ではない

🔒 **Key word** 実務上意味がある差

- リスクの大きさだけで判断してはならない
- その結果はビジネスで使えるものなのか？

▶ある値が大きいか小さいかは、何かの基準を加味しなければならない

　t検定など仮説検定の手法を用いることで、一部のデータであったとしても、誤判断リスクを踏まえた主張が可能になった。ただし、仮説検定を覚えた分析者が陥りやすいミスがある。

　それは、検定はあくまで誤判断リスクを評価するために用いるのであって、差の大きさが「ビジネスにとって意味があるか」までは加味していないということだ。

●リスクだけでなく、本質からデータを読む

　わかりやすいように性別と商品Aに対する満足度の例を振り返ってみよう。

　前項では、仮説検定の結果、64人という一部のデータでも、誤判断リスク1％で、性別による傾向差があるという主張ができた。ただし、このことをもってして、女性の方が満足度が高いから女性に適した商品だという判断にはならない。

　たとえば、この商品カテゴリーでは、満足度が85点を超えていなければ購入

につながらないという経験則があったとしよう。その場合には、男女差があったとしても、共に85点を超えていなければ、意味のある差であるとはいえないのだ。

平均そのものに着目する

> これだけみると、確かに有意確率であるp値は小さく、「性別の違いが満足度に影響している」といっても間違いはないようね。
> ただし、男性72.22点と女性77.47点の差が意味のある差かどうかは別問題よ。

	男性	女性
平均	72.22	77.47
分散	63.467	49.805
観測数	32	32
仮説平均との差異	0	
自由度	61	
p（T<=t）両側	0.01	

統計力UP!

ビジネスにおける仮説の検討では、差があるとか、その差を主張したときのリスクがどれくらいだということが本質ではない。その差が、実務上意味がある差であるかを考えること。ビジネスデータ分析は、ビジネスとデータ分析の両視点をもつことなしには、成り立たない。

Excelを使った分析

ONE POINT

ビジネスの現場では、データ分析をすることが増えたとはいえ、まだまだ統計専門パッケージが使える環境がそろっているとは言い難い。ただし、Excelをはじめとする表計算ソフトならば、多くの職場に導入されているだろう。

たとえば、Excelには、標準で「分析ツール(Excel2007からはデータ分析)」というツールが用意されている。この分析ツールには、今回使ったt検定をはじめ、いくつかの検定手法のみならず、要約のための基本統計量の計算から、後述するようなモデル分析を行う回帰分析といった手法まで揃っている。

統計学は、実際に分析しながらの方が、理解しやすい。ぜひ、この分析ツールを活用して、使いながら統計学を覚えていこう。

Mission 5　仮説視点でビジネスデータを活用せよ

Column5

消費者を分ける基準を工夫しよう

▶顧客を理解する仮説視点を増やす

（コマ1）つい 性別や年齢ばかりに気を取られていたからなぁ

（コマ2）今回 いろんな顧客の分類のしかたがわかって勉強になったわ

（コマ3）これで新しいお客さんも捕まえなくちゃ／もちろんあなたはかわらずに来てね

　顧客のデータの分析では、全体傾向の分析以外にも、いろいろな基準でグルーピング（セグメンテーション）し、特徴を把握しようとすることが多い。分割基準で主なものが、以下だ。

①使用パターンによる分類
②デモグラフィックス（年齢、性別、家族の人数、所得、教育等）
③住所
④態度
⑤ライフスタイル
⑥消費者が求めるベネフィット

　このなかで多用されるのは、②のデモグラフィックスによる分類だろう。特に多用されるのは、性別と年齢だ。実際、アンケート調査の一次集計では、かなりの確率で性別・年齢の基準で、クロス集計（P.118）やグループごとに平均（P.113）が計算される。

> この間高校の同窓会に行ったら同い年でも結婚して子どもがいると価値観がだいぶ違うことがあったのよね

> 同じように子どもがいる人同士だって子どもの年齢によって価値観が異なるもんなぁ

　ただし、現場の感覚からすると、もはや性別・年齢の区分で比較したところで、新たな発見は得にくいというのが率直な印象だ。得られる知見が当たり前すぎるか、1グループとして扱うには多様すぎるからだ。

　そこで、もし年齢に着目したいならば、生まれてからの年齢ではなく、ライフステージ年齢がおすすめである。たとえば、結婚してからの年齢、末っ子を産んでからの年齢、家を建ててからの年齢など。多くの場合、その人の生活環境によって、価値判断は影響を受ける。小学生の子どもがいる女性であれば、ある部分では20代と40代で同じ価値観を共有するし、同じ40代でも小さな子どもがいる人と、すでに子どもが自立した人とでは、価値観が異なる。

　どんなライフステージ年齢を採用するかは、分析しようとするテーマ次第。ぜひ、「年齢といえば生まれてからの年齢」と思い込まず、いろいろな年齢の可能性を模索したい。こういう視点を持てば、他の基準でも別の側面を見出せるようになるだろう。

Mission6 　仮説検証

表やグラフでビジネス仮説を検証せよ

全く新しい商品サービスでない限り、顧客はすでに他社の商品サービスの利用者である。満足度や重要度を基に顧客を掴んでも、その顧客を他社に奪われてしまうこともあるだろう。では、顧客はなにを基準に他のメーカーを選ぶのだろうか。

Mission6ではさまざまな表やグラフを使って、ブランドスイッチをテーマに、とある携帯電話会社（キャリア）の分析を見ていこう。

ここでマスターする手法と考え方

- ☑ 質的変数(今使っているブランド)と質的変数(機種変更意向の有無)の組み合わせによる仮説を検証する ▶ **クロス集計、カイ二乗検定、残差分析**
- ☑ 質的変数(今使っているブランド)と量的変数(新機種の評価)の組み合わせの仮説を検証する ▶ **平均値の比較、一元配置分散分析**
- ☑ 量的変数(新機種の評価)と質的変数(購入意向の有無)の組み合わせの仮説を検証する ▶ **散布図、ロジスティック回帰**
- ☑ 量的変数(現機種の利用期間)と量的変数(新機種の評価)の組み合わせの仮説を検証する ▶ **散布図、相関分析**

> もう10年も同じ携帯電話会社の商品を使っているわ でも 今回新しく出た他社の新機種は魅力的だからこの機会に替えようかしら

1. "買い替え"の意向を把握せよ「クロス集計」 …………… 118
2. 調査結果にはサンプル数が重要「カイ二乗検定」 …………… 120
3. 本当に買い替えたいと思っている人はどこにいる?「残差分析」 122
4. 今使用しているモデルによって、新モデルの評価は変わるのか? 124
5. 新機種の採用にはどれくらいの評価が必要なのか? …………… 126
6. 使用期間によって新機種の評価は変わるのか? …………… 128
7. 男女に分けて新機種の評価を分析する …………… 130
8. グラフの結果を数値で主張する …………… 132

1 "買い替え"の意向を把握せよ「クロス集計」

🔒 **Key word** 質から質への仮説、クロス集計、度数、比率

- ブランド切り替えの意向を把握するには？
- データが質的データ同士の場合は？
- 表の作成方法

▶ 質と質の組み合わせをまとめるにはクロス集計表が基本になる

　右図は、携帯キャリア3社ごとのブランドスイッチ（ブランドの切り替え）意向を把握すべく、アンケート調査を実施した結果をまとめたものである。ここで用いた設問は、①今使っている携帯キャリアと、②キャリアを変更したいと思っているか否かの2つである。このように、データが質的データ（キャリア）と質的データ（意向の有無）の場合、**「クロス集計表」** を作成することが基本になるが、その際、作成上の慣例がある。

　クロス集計は、表の左側の縦の項目を表側（キャリア）、表の横の項目を表頭（変更意向）と呼ぶが、表側には比較したい基準（原因系）、表頭には比較される基準（結果系）を入れる。

　こうすることで、分析者が「キャリアの違いによって、変更意向の割合に違いがあるのではないか」という仮説視点をもって分析していることがわかる。

　なお、クロス集計表は右図のように、度数によるものと、構成比によるものと

がある。構成比の場合、比較基準が表側に入っているので、表側の項目ごとの比率が比較できるように、横を足したら100%になる比率を計算する。

携帯3社ごとのキャリア変更意向の分析

度数による比較

※実際の値：観測度数

表側		キャリアを		行合計
		変更したい	変更しない	
	A社	48	125	173
	B社	25	133	158
	C社	46	98	144
	列合計	119	356	475

※表頭

構成比による比較

※実際の値：観測度数

表側		キャリアを		行合計
		変更したい	変更しない	
	A社 (n=173)	27.7%	72.3%	100%
	B社 (n=158)	15.8%	84.2%	100%
	C社 (n=144)	31.9%	68.1%	100%
	列合計	25.1%	74.9%	100%

※表頭

> C社はブランド切り替え意向を持つユーザーが多そうだ。

> クロス集計表は、表側が比較したい基準（原因系）、表頭が比較される基準（結果系）で作成する。そうすれば、表を示すだけで、仮説や知りたいことが伝えられるんですね。

Mission 6　表やグラフでビジネス仮説を検証せよ

統計力UP！

このクロス集計表のみから、3社で変更意向に差があるという結論を下すことができるだろうか？
（ヒント：データが一部のデータであるか否か。答えは次項）

2 調査結果にはサンプル数が重要「カイ二乗検定」

🔒 **Key word**　クロス集計、カイ二乗検定

（漫画部分）
- 携帯の買い替えについて御社の調査結果が出たようですね
- これからが大切ですよ

- 調査結果をグラフにする
- サンプル数の併記が重要
- 誤判断リスクについて調べるには？

▶ カイ二乗検定もp値（有意確率）に着目する

　質（携帯キャリア）と質（キャリア変更意向の有無）との組み合わせの場合、前項のクロス集計表や、右図のようにそれをグラフ化した横帯グラフによってまとめることが多い。その際、割合をベースにしてまとめるならば、必ず**サンプル数**を併記することを心がけること。これは、同じ割合であっても、サンプル数が異なれば、結果の安定度が異なるからだ。この点が、仮説検定を理解するためのポイントになる。

　たとえば、ある社の変更意向の割合が、変更したい40％：変更しない60％だったとしよう。この値のみでは、A、B、Cの3社よりも変更意向が高いとは言い切れない。それは、仮の40：60という数字が、サンプル10（10人の調査データ）による結論かもしれないからだ。もしそうだとすれば、異なる10人に聞けば、1人の答えが違うと50：50になったり、70：30になったりと

結果が安定しない。

このように結果の比較には、それぞれのデータ数とその結果の安定度が重要になる。サンプル数が十分に多ければ、仮説検定などの追加分析をしなくても、ある程度安心して比較ができるだろうが、やはりどれくらい安心して評価できる結果なのかは気にかかるところだ。

そこで用いるのが仮説検定手法であり、**クロス集計表**への検定で代表的なものが**カイ二乗検定**だ。

クロス集計とカイ二乗検定の結果

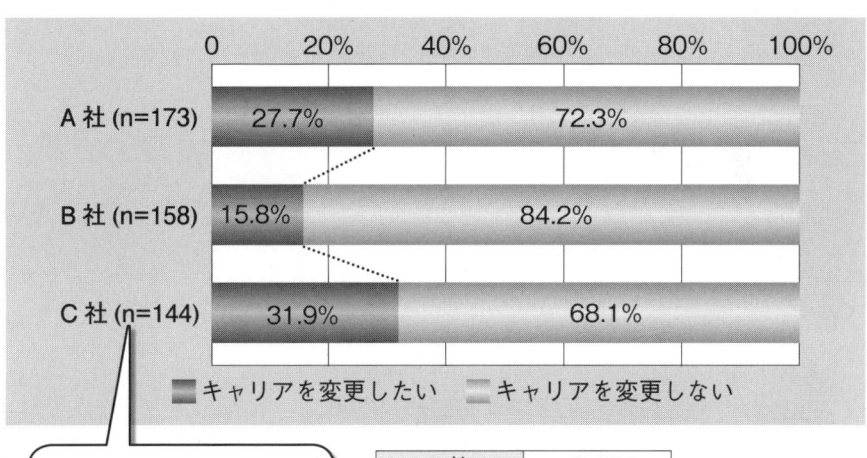

A社 (n=173)　27.7%　72.3%
B社 (n=158)　15.8%　84.2%
C社 (n=144)　31.9%　68.1%

■キャリアを変更したい　■キャリアを変更しない

p値	0.003

カイ二乗検定による誤判断リスク

一般的にサンプル数は「n」という記号を使い、n=○○というカタチで表記する。

カイ二乗検定とは、質（携帯会社）の違いが、質（キャリア変更意向の有無）の出現傾向に影響しているか（携帯会社ごとにキャリア変更意向が異なる）を、有意確率と共に検証する方法です。この場合、有意確率（誤判断リスク）は0.3％（0.003）。つまり、この3社では変更意向が異なるという判断が間違いである確率が0.3％と考えられます。

統計力UP!

クロス集計の先にあるのは、カイ二乗検定と呼ばれる手法だ。有意確率（p値）に着目すれば、サンプル数に応じた、誤判断リスクを評価できるのだ。

3 本当に買い替えたいと思っている人はどこにいる?「残差分析」

Key word 残差分析

> 調査の結果 キャリアごとに
> 切り替え意向が違うことがわかりました
> さらにキャリアごとの差を知るため
> 分析を行いました

> 誤判断リスクはほとんどなく
> C社のユーザーは切り替え意向が高いといえます
> C社のユーザーに切り替え
> 促進キャンペーンを打ちましょう!

▶「残差分析」を行えば、さらに進んだ主張ができる

　我々が知りたいのは3社に違いがあるというラフな結論ではなく、「A社は変更したい人が多いといえるのか」というような個々の判断のための材料だろう。そこでカイ二乗検定と共に用いられる分析が**「残差分析」**である。
　残差分析は、クロス集計表のそれぞれのセル(組み合わせ)について残差の値が計算される。たとえば、A社の「変更したい」については残差1.03、B社の「変更したい」は-3.28である。通常、**「標準化済み調整残差」**という値が用いられ、この値に対応したp値が計算される。ちなみにA社の「変更したい」のp値は0.31だ。なお、これら値の計算は、多くの場合、Excelのマクロなどプログラムを用いるのが一般的だ(One Point参照)。
　p値はすでに何度も出てきているが、ここでも基本的に読み方は一緒であり、

誤判断リスクである。A社の「変更したい」のp値（0.31）は、「A社は他社と比べて『変更したい』が多い」と主張したときの誤判断リスクが、31％ということになる。

※なお、多くの分析環境では、残差に対応するp値が出力されないため、簡易的に標準化済み調整残差の値の絶対値（±をとったもの）が1.96以上なら差がある（1.96以上でリスク5％以下になるため）と考えることが多い。

残差分析の結果

残差分析

	変更したい	変更しない
A社	1.03	−1.03
B社	−3.28	3.28
C社	2.29	−2.29

標準化済み調整残差

	変更したい	変更しない
A社	0.31	0.31
B社	0.00	0.00
C社	0.02	0.02

5％以下の誤判断リスクを許容できるならば、B社は「変更したい人が少ないキャリア」、C社は「変更したい人が多いキャリア」、A社は「多いとも少ないとも言い切れないキャリア」というように読み取れるのか。

統計力UP!

クロス集計で個々の組み合わせに差があると言えるかを確認する場合には、残差分析が必要になる。

WEBのマクロを活用しよう！

ONE POINT

カイ二乗検定や残差分析のように"進んだ分析"は、Excelの分析ツールのメニューに用意されていない。もちろん、シートに自分で関数を書けばこれら分析も実施できるが、簡単に分析できるとは言い難い。ビジネスデータ分析にとっては、計算が目的ではなく、道具として手法を活用したいと思うのであれば、なおさら自分で書かないで済ませたいと思うだろう。

そこでおすすめなのは、WEBでExcelのマクロを検索してみることだ。マクロとは、簡単にいえばExcelの上で動くプログラムだと思えばいいだろう。ネット上には、カイ二乗検定や残差分析以外にも多様なマクロが公開されている。

4 今使用しているモデルによって、新モデルの評価は変わるのか？

Key word 一元配置分散分析、平均値の比較

> データ分析の個々の手法を知っておくことは重要だけど何を分析すればビジネスに役立つかも知っておかないと使えないわよ

- 今使っている機種によって新機種への評価は変わるのか？
- 3つのグループを比較する方法は？

▶ 分析の成否は、何を明らかにするかについての事前検討がカギ

　携帯電話業界では、キャリアの変更のみならず、機種変更の傾向把握も重要な検討事項だろう。ここでは新モデルの評価が、今使っている機種の違いによって異なるのかどうかを検討するために、3機種それぞれのユーザーから20名サンプリングし、新機種を100点満点で評価してもらう調査を実施した。

　右図の表のとおり、現在、機種Bを使っている人からの新モデルの評価は、他に比べて低いことがわかる。ただし、20人×3機種の60名のデータはあくまでサンプルのデータで、この結果からユーザーの全体像を検討するには、**仮説検定**が必要になる。

● 3グループ以上の比較は一元配置分散分析

　そこで、**平均値の比較**の検定を行うが、Mission 5で使ったt検定は使えない。

なぜならt検定は、2グループの比較しかできないからだ。確かに2グループの比較しかできなくても、AとB、AとC、BとCというように3回繰り返せばよさそうだが、これはおすすめできない。それは、検定を1回行うたびに誤判断リスクがpの確率で発生するため、繰り返せば基本的にリスクがその分増えてしまうからだ。

そこで、3グループ以上を比較できる、**「一元配置分散分析」**を用いることにする。そうすれば、3群以上の平均値の比較を誤判断リスクを踏まえて検討できる。

3グループの平均の比較

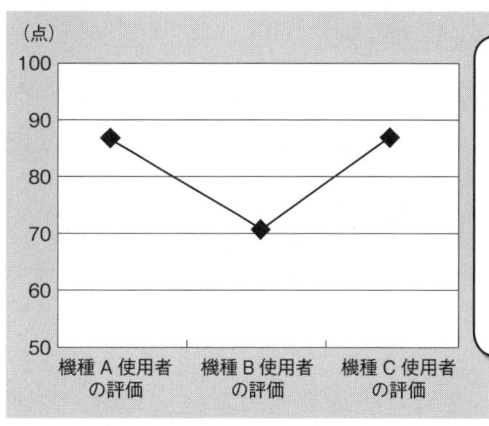

> 3グループ以上の平均の比較では分散分析を使うのね。p値の解釈のしかたは、t検定やカイ二乗検定と一緒。使用機種の違い（原因系）が、新機種の評価（結果系）に影響するといったときの誤判断リスクよ。例では、p値が0.000と0に近く、今使っている機種によって新機種評価が異なるといってもよさそうね。

分散分析：一元配置による平均値の差の検定

グループ	標本数	平均	分散
機種A使用者の評価	20	86.25	60.83
機種B使用者の評価	20	70.65	55.50
機種C使用者の評価	20	86.75	55.78

仮説「使用機種の違いで、新機種の評価が異なる」
一元配置分散分析によるp値（有意確率）：0.000

統計力UP!

質から量の仮説であっても、比較するグループが2グループを超えるとt検定は使えない。3つ以上のグループの平均値を比較するには、一元配置分散分析を使う！ ※計算のしかたについては、コラム（P.54）参照

Mission 6 表やグラフでビジネス仮説を検証せよ

5 新機種の採用にはどれくらいの評価が必要なのか?

Key word　量から質の仮説、散布図、ロジスティック回帰

> 新機種の評価と購入意向の関係も調査しておくか?

> 携帯会社を切り替えるときには端末も変更するわけだ
> となると 新機種の魅力も押さえておかないといけないな

▶ 量的な原因系がYes-Noといった質的な結果に与えるケースを検証する

　右図は、新モデルの評価がどれくらいあれば、買ってもいいと思ってもらえるかを検討すべく、評価(量的)と購入意向(質的)の関係を**散布図**によって図示したものだ。

　基本的には、新モデルの評価が高まれば、"購入意向あり"が増えるが、評価が70点台だと"買ってもよい人"と"買いたいとは思わない人"が混在しているのがわかる。グラフによる検討なので、大まかな把握にはなるが、70点台後半を確保しないと「買ってもよい」とは思ってもらえないことがわかる。

● 新モデルの評価と購入意向 ……………………………………………

　さて、もちろんこのようなラフな分析では十分な知見が得られたとは言い難い。そこで、その先には、グラフに重ねた曲線(S字)を求めるような分析が用意さ

用語解説　ロジスティック回帰…発生確率を予測する手法。顧客がある特定のキャンペーンに対して反応を示すか(Yes)、否か(No)というテーマを他の変数を利用して予測する

れている。それは、**「ロジスティック回帰分析」**と呼ばれるもので、ポイントは"購入意向あり－なし"といった2択の結果形に対してその中間値を推定し、新モデルの評価が何点のとき、購入意向は何%というような知見を引き出す分析である（One Point 参照）。

新モデルの評価と購入意向

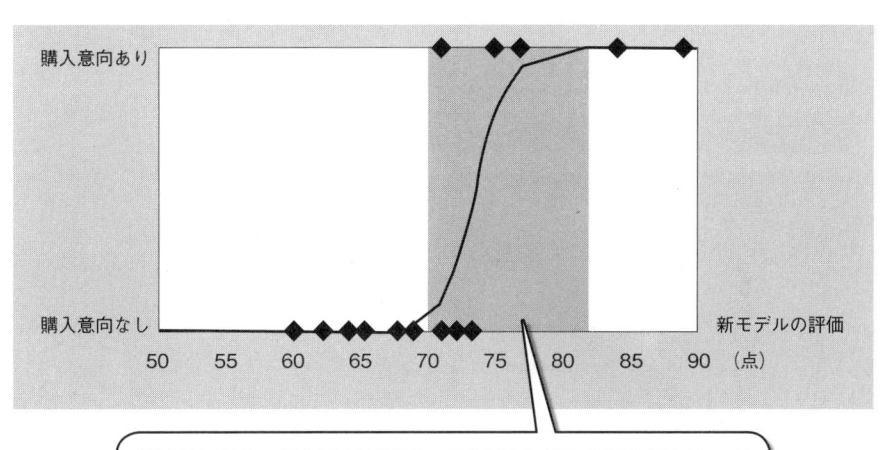

散布図では、結果系を縦に、原因系を横に採用するが、今回は、結果系が Yes か No かの2択なので、縦軸の値は2ヵ所しか取りえない。やや特殊な形だが、量から質の仮説も散布図で表すと、全体傾向が把握できる。

統計力 UP!

原因系が量的データ、結果系が質的データの分析は、やや高度だ。まずはグラフで全体傾向を把握することからはじめよう。

ONE POINT

2択と3択の分析

ちなみにこの"量から質の仮説"でのモデル分析のキーワードは、2択の結果系なら「ロジスティック回帰」、3択以上なら「多項ロジットモデル」があげられる。

やや高度な手法になるが、WEBの検索でも多くの情報を得られるだろう。

用語解説 多項ロジットモデル…説明変数が選択者の属性のみからなるモデル。選択肢を選ぶ確率が、年齢、性別、所得など個人の属性によって決まるモデル

Mission 6 表やグラフでビジネス仮説を検証せよ

6 使用期間によって新機種の評価は変わるのか?

Key word 量と量の仮説、散布図

- 散布図を使った分析方法は?
- データを視覚化して仮説を導く

(吹き出し)現機種の使用期間が長いほうが新機種の評価は甘くなるようなんだ

(吹き出し)どれくらい長く使うと評価が変わるのかも知りたいと思っている

▶量と量の仮説では、散布図による全体像の把握が有効になる

　新機種の評価は、そもそも今使っている機種の使用期間の長さでも説明できるかもしれない。「使用期間が長くなればそれだけ買い替えたいという思いが強くなる」ことが予想されるからだ。ここでは、「調査対象者の現機種の使用期間の長さ」を原因系に、「新機種の評価」を結果系にして分析してみた。共に量的データなので、**散布図**による視覚化がもっとも効果的である。

　右図のように通常は、横軸に原因系、縦軸に結果系を採用して、散布図を描く。この例では、全体的に使用期間が長ければ、新機種への評価が高くなる(つまり評価が甘くなる)という結果になっている。

●仮説の検証にさらに踏み込む

　さて、この仮説は成り立っているようであるが、検証で得られた知見は有効と

感じるだろうか。何となく「だから？」と感じる人も多いかもしれない。そんなときには、さらに一歩踏み込むチャンスである。その方法は、このデータをひとつの顧客群のデータとは見なさず、**セグメント（顧客分割）**し、傾向差を比較してみることだ。次項では、比較の視点からさらに検討してみよう。

量と量の関係を視覚化する散布図

量と量の関係は、散布図が有効だ。この例では、全体的に、使用期間が長くなれば、新機種の評価が高まっていることがわかる。

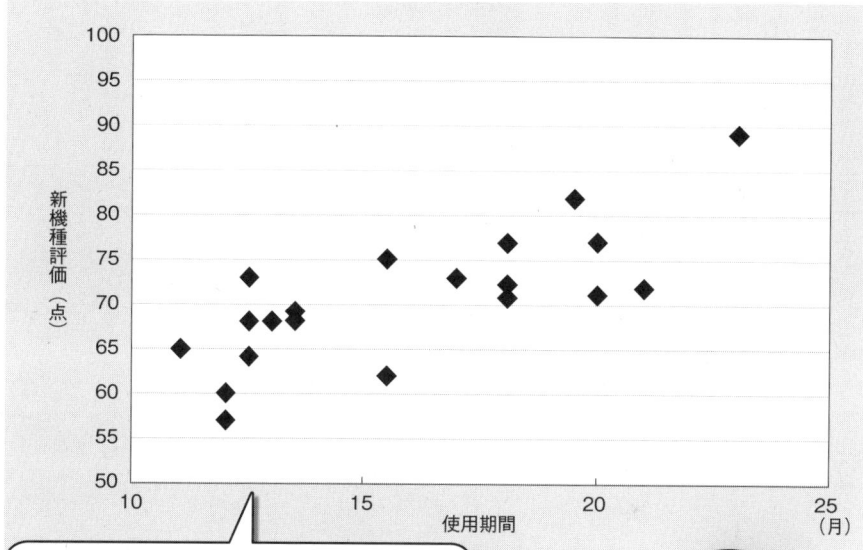

このグラフから、「使用期間が長くなると買い替えたい思いが強くなり、新機種への評価が甘くなるのか？」、または「使用期間が長い＝古い機種を使っているから、新機種がより良く見えやすいのか？」などと、データの傾向を説明できる理由を考えると、さらに新しい仮説を導くことができる。

それがビジネスデータ分析を活かすポイントね。

Mission 6 表やグラフでビジネス仮説を検証せよ

統計力UP！

量と量との関係であれば、まずは散布図を描いてみよう。散布図はデータの関係性を視覚化する最重要グラフのひとつだ！

7 男女に分けて新機種の評価を分析する

Key word データの分割、結果の比較

> 使用期間と新機種評価は関係がありました

> さらに性別ごとに比較すると、女性にはこの関係があまり見られないことはご存じですか？

- 散布図に補助線を入れる
- 男女に分けて分析してみる
- データを分割することで見えてくるものとは？

▶ データを分割して分析することで、さらに深い知見を得る

　右上図は、前項の散布図に、直線関係がわかりやすくなるように**補助線**を入れたものだ。Excelであれば、散布図のいずれかの点を右クリックし、「近似曲線の追加」から「線形近似」を選択すれば、直線をフィッティングしてくれる。

　さて、右上図は、確かに直線関係がある、つまり使用期間が増えれば新機種評価が高くなっているように見える。ただし、これはあくまでこの20人のデータをひとつと見なした場合だ。では、仮にこのデータを男女に分けて同じ分析をしてみたらどうなるだろうか。それが、右下の散布図である。

　男性を示す◇と女性を示す◆の傾向を見れば、明らかに、男女の傾向差がわかるだろう。それぞれに近似線（補助線）を引いてみればさらにわかりやすい。

　この結果からは、（この20人がマーケットの一般的なユーザーであるという

前提があれば）たしかに全体としては、使用期間の長さは新機種の評価に影響するといえるだろう。

データをひとつと見たときと、性別で分割したときの結果の比較

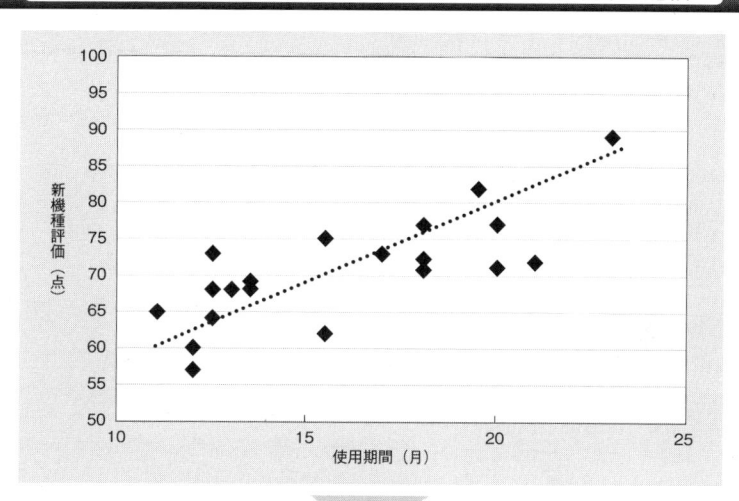

男女で分けてみると……

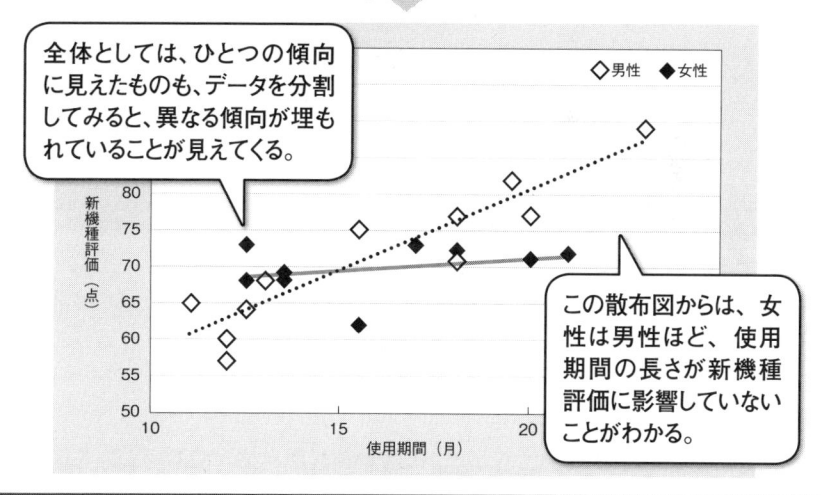

> 全体としては、ひとつの傾向に見えたものも、データを分割してみると、異なる傾向が埋もれていることが見えてくる。

> この散布図からは、女性は男性ほど、使用期間の長さが新機種評価に影響していないことがわかる。

統計力 UP!

データを分割して分析する可能性を常に考えること。これが隠れた傾向を発見するポイントだ。

8 グラフの結果を数値で主張する

> **Key word**　相関係数、p値、量と量の仮説の検証

（吹き出し）
- グラフはわかりやすいのですが人によって見方が違うかもしれません
- ぜひこの関係を数値化してください

（吹き出し）
相関係数を使って直線関係を数値として把握してみます
相関関係と一緒にp値やサンプル数も記すようにしますね

▶ **原因系が量、結果系が量で、直線関係を確認したいなら相関分析を使え**

　前項では、散布図によって、量的データ（使用期間）と量的データ（新機種評価）の関係を確認した。ただし、グラフだけでは、どのくらい直線的な関係にみえるかは、人それぞれ印象が異なるだろう。そこで、客観的に「この2つの変数は、○○ぐらい直線関係がある」と主張するために、**「相関分析」**というものを用いてみよう。

　統計データ分析での相関とは、**2つの変数間（量と量）の直線関係を表す指標**である。相関係数の大きさは、二変数が完全に直線関係にあるときに絶対値「1」になり、まったく直線関係が見られないときに「0」になる。また、直線関係には、右肩上がり（比例）と右肩下がり（反比例）があるから、それぞれ頭に＋と－とをつけ、－1から＋1までの範囲をとる係数になる。

　あくまで直線関係を表すのみであるから、相関係数が0に近いといっても二変

用語解説　絶対値…数値の±をとり、大きさのみを表す値。たとえば－0.1も＋0.1も絶対値はともに0.1となる。

数に関係がないわけではない。たとえば、原因系が増えると途中まで結果系が減るが、途中から増えるというような（U字のような関係がある）データで相関を計算すると相関は0になってしまう。相関＝関係と思わないことが大切だ。

相関係数による関係性の分析結果

　量的データ（使用期間）と量的データ（新機種評価）に相関分析を適応したものが下表の結果だ。この表は、データをひとつと見なしたとき（全体）と、男女に分けたときの相関（どれくらい直線関係が見られるか）と、両変数（使用期間と新機種変化）に直線関係があるといったときのリスクであるp値、ならびにサンプル数をまとめたものだ。

> 男性の相関係数は0.923で、使用期間が増えると新機種への評価が直線的に増加するという傾向が強く見られる。それに対して、女性の相関係数は0.317と、あまり直線関係が見られないことがわかる。

	全体	男性	女性
相関係数	0.766	0.923	0.317
p値	0.000	0.000	0.405
サンプル数	20	11	9

> なお、女性についてはp値が0.405と大きく、誤判断リスクが大きいため使用期間の長さからの影響があるとは言い難いことが確認できる。このように量と量との関係についても、相関分析のp値を用いて仮説の検定ができることになる。

> やはりこの機種では、使用期間の長さが男性顧客の評価に影響を与えるという結論でよいことになるだろう。

統計力UP!

　量と量の仮説の検定では、しばしば相関分析が用いられる。ただし、一般的な意味での「相関」と統計学での「相関」は意味が違うから注意が必要だ。
　統計学の相関は、あくまで『直線関係』を表している。

Column6
WEBを活用して情報収集しよう

▶Googleの検索オプション活用で資料収集力をアップ！

　インターネットのおかげで、幅広い情報がオフィスにいながらにして入手できるようになった。WEBから得られる情報は多種多様だが、ビジネスデータ分析をマスターする上で、有効な情報も数知れない。データ自体の入手のみならず、他者が行った分析結果を読み込むことは役に立つ。

　ただし、ネット上の情報があまりに膨大であるために、適切に検索できなければ、情報の海におぼれ、価値ある情報にたどり着けない。そこで、ここでは検索エンジンのひとつであるGoogleの検索オプションを活用する方法を簡単にまとめておこう。

　Googleの検索画面には、「検索オプション」というメニューがある。右ページは、その設定画面だ。どれも使い方によって、強力な武器になるが、ここでは、ファイルタイプの指定を活用してみよう。

WEBにある情報は、いわゆるHTML形式の文字や画像データだけではない。データファイルとしてExcel（.xls）形式のファイルやCSV形式のファイルがアップされていたり、プレゼン資料がPowerPoint形式でアップされていたり、各種報告書がPDFファイルでアップされていたりする。
　そこで、知りたいことのキーワードとともに、ファイル形式を指定すれば、目的に応じたデータが入手できることがある。
　たとえば、キーワードに「満足度調査」、ファイルタイプを「PDF」にすれば、満足度調査報告書がずらっと抽出できる。さらにファイルタイプの指定をExcelファイルに変更すれば、調査票やデータまで見つけられる。

Mission7 モデル分析

売上を改善する
ヒントを探す

商品の売上を変えたいと思ったとき、まず考えるのは商品価格の変更だろう。しかし、値下げをすれば本当に売上は上がるのだろうか。また、他社が同様の商品の価格を変えて販売した場合に影響は受けるのか。
Mission7では、価格や広告が売上にどのくらい影響を与えているのかをモデル分析を使って分析していこう。

1 売上をモデル分析で予測する ……………………………… 138
2 1円の値上げをすると売上本数はどれだけ減少するのか？…… 140
3 何が原因でどんな結果になったか"説明力"を示す ……………… 142
4 競合の販売価格は売上本数にどれだけ影響するのか …………… 144
5 当たり前の結果が出たら「外れ値」に着目する ………………… 146
6 チラシの有無は売上に影響を与えているのか？ ………………… 148
7 天気によって売上は違うのか？ …………………………… 150
8 値引きの効果はあったといえるのか？ …………………… 152

> 1円くらい値上げをしても売上にたいした影響はないんじゃないですかね

> チラシを出すのはいいがどのくらい売上に影響を与えるのかの予測が必要だ

ここでマスターする手法と考え方

- ☑ 価格（量的変数）が売上本数（量的変数）に与える影響を知る ▶ **回帰分析**
- ☑ 価格と競合の価格（量的変数）が売上本数（量的変数）に与える影響を知る ▶ **重回帰分析**
- ☑ チラシの有無や天気（質的変数）が売上本数（量的変数）に与える影響を知る
  ▶ **ダミー変数を用いた重回帰分析**
- ☑ 値引き戦略の効果を検証する ▶ **弾力性の分析**

1 売上をモデル分析で予測する

Key word 相関、モデル分析、回帰分析

> 大手スーパー限定だった乳飲料ですがコンビニでも置き始めたんですね

> 今の時代コンビニで売ることは重要だからね

> 特に価格を変えた場合の売上の変化を調べるようにしてみましょう

> そうだ データ分析で売上を予測できないかな

▶ モデル分析によって、原因と結果の関係をより具体的にする

　Mission7では、乳飲料Aの売上個数を価格戦略の変更によって向上させるためにはどうすればよいかについて考えてみよう。まずは価格と売上個数の関係をしっかり把握しなければならない。

　価格と売上個数はともに「量的データ」であるから、Mission6で習得した**「相関分析」**を用いることができる。ただし、相関分析は二変数の直線関係の有無を検討するには有用だが、具体的に価格（原因系）がどれくらい変わると売上個数（結果系）がどれくらい変化するかまではわからない。

　そこで登場するのが、**「モデル分析」**だ。モデル分析とは、二変数の関係を原因系（説明変数）と結果系（被説明変数）に分け、その関係を数学モデルで表現しようというものだ。ここではモデル分析でもっとも多用される**「回帰分析」**を用いた分析を検討しよう。

　個々の結果の読み方は次項以降解説するが、まずは価格変化による売上個数への影響を見てみよう。右図にある式には、-4.44χ（価格）の部分がある。つ

まり、価格が一単位下がったときに、4.44個の売上個数が増えるというモデルが推定されている。このように原因系からの具体的な影響の大きさが求められるのが、モデル分析の魅力である。

商品Aの売上本数と価格

> 直線を当てはめたモデル式を出力するだけなら、Mission6の6で使ったExcelの散布図に線形近似をフィッティングする際に、オプションメニューからモデル式が表示されるようにすればいい。ただし、次項から解説するように、式そのものを求めるだけでは十分な知見は得られないぞ。

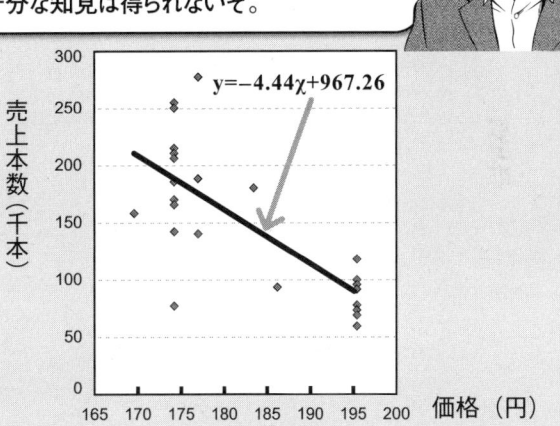

$y = -4.44\chi + 967.26$

（縦軸：売上本数（千本）、横軸：価格（円））

統計力UP!

売上予測や売上増加のための戦略立案では、価格が上がると売上本数が減るという関係があるか否かだけでなく、具体的に価格が上がったときの売上本数の減少量まで知りたいことがあるだろう。その場合、モデル分析が威力を発揮する。

ONE POINT

相関分析の数式

相関分析（P.132）で想定した直線関係を数式で表すと、y（結果系）$= \beta 0 + \beta 1 \times \chi$（結果系）という式で表される。ここで、$\beta$は係数と呼ばれ、それぞれ$\beta 0$は切片（後述の通り、$\chi$がゼロのときの$y$の値）、$\beta 1$は$\chi$（原因系）が動いたときの$y$の変化量を示している。したがって、$\beta$（係数）の単位は、$y$の単位となる。

2 1円の値上げをすると売上本数はどれだけ減少するのか？

Key word 回帰分析、係数、p値

値上げ後の結果が出ました
回帰分析を行った結果
1円の値上げを行うと
4.44千本の売上本数の減少が
見込まれるとのことです

たった1円でそんなに本数が減るというのか！

なんだって!?

▶ 原因系からの影響の有無とその大きさを確認する

　右表は、Excelの分析ツール内にある**「回帰分析」**を用いて推定した出力である。まず着目したいのは、表最下部の**「係数」**と**「p値」**だ。

　基本的な回帰分析（線形回帰）で求められるモデル式は、y（結果系）$= \beta_0 + \beta_1 x$（結果系）であり、このβ_1を表す部分が「係数」だ。この例では、$y = -4.44x + 967.26$となる。なお、β_0は**切片**と呼ばれ、xが0のときのyの値である。

　この式に任意の原因系の値を入れれば、予測値が求まる。たとえば、価格を200円とした場合には、$(-4.44 \times 200) + 967.26 = 79.26$個が売上個数の予測値となる。

　ここでもうひとつ確認したいのは、p値だ。我々は、知りたい結果に対して、おそらく影響すると考える原因系を想定して、モデル分析を行っている。すなわち仮説にしたがってモデルを構築し、データによってβを計算していることになる。

したがって、ここでも仮説検定のときに使った p 値による検討が必要となる。この例では、価格の p 値は 0.00。つまり価格から売上個数に影響があるという仮説を基にモデルを分析したときに、価格は聞いていなかったというリスクが 0.00 ということになる。後述するとおり、原因系が複数になったり、どの要因が影響しているかを探索したりするような場合、p 値による確認はさらに重要となってくる。

回帰分析の出力（Excel の例）

回帰統計

重相関 R	0.756
重決定 R^2	0.571
補正 R^2	0.554
標準誤差	43.529
観測数	26

分析ツールについて詳しくは **54** ページに書いてあるわ

分散分析表

	自由度	変動	分散	観測された分散比	有意 F
回帰	1	60,633.316	60,633.316	32.001	0.000
残差	24	45,474.222	1,894.759		
合計	25	106,107.538			

	係数	標準誤差	t	p 値	下限 95%	上限 95%	下限 95.0%	上限 95.0%
切片	967.26	145.48	6.65	0.00	666.99	1267.52	666.99	1267.52
自商品の価格	－4.44	0.79	－5.66	0.00	－6.06	－2.82	－6.06	－2.82

係数の値が、原因系（価格）を動かした場合の、結果系（売上本数）の変化の大きさ。

価格のp値が 0.00 ということは、売上本数に価格が影響していると主張したときに、それが誤りであるリスク（誤判断リスク）が0.00 ということだ。

統計力 UP!

価格を変化させたときの売上個数の変化の大きさがわかれば、価格戦略のヒントになるだろう。そのためには、回帰分析の係数と p 値が活用できる。

3 何が原因でどんな結果になったか"説明力"を示す

Key word 回帰分析、決定係数

売上の変化のうち、どのくらいが価格によるものなのか？

価格以外の要因は？

▶モデルの説明力を知ることで戦略の適応範囲がわかる

　モデル分析は、説明したい結果系に対して、すべての原因系を網羅するわけではない。したがって、想定した原因系で説明できる範囲を知っておかなければならない。

　右の散布図を見てみると、回帰分析によって得られた式で書かれた直線が、それぞれの価格に対応した予測値ということになる。その線に対して、各点（実測値）との縦方向のズレが**「残差」**と呼ばれるものである。直感的に、この残差（ズレ）が全体で全くズレていなければ、売上個数は価格で100％説明できていると考えられるだろう。それに対し、残差が大きくなれば、最終的には、価格では全く売上個数を説明できない、つまり0％の説明しかできていないと考えられる。これを指標化したのが、**「決定係数（R^2）」**であり、R^2は、0から1の値を取る。決定係数とは、原因系が結果系をどれくらい説明できるか示す、**説明力**だ。

　前項にあるとおり、このケースでは、R^2は0.571であり、売上個数の動き（データのばらつき）の内、57.1％が価格によって説明できるという結果になっている。

　なお、実際上、決定係数を手計算することはほとんどなく、回帰分析を行えるソフトであれば、ほぼ確実に決定係数は出力されているのでそれを利用できる。

推定式と推定誤差

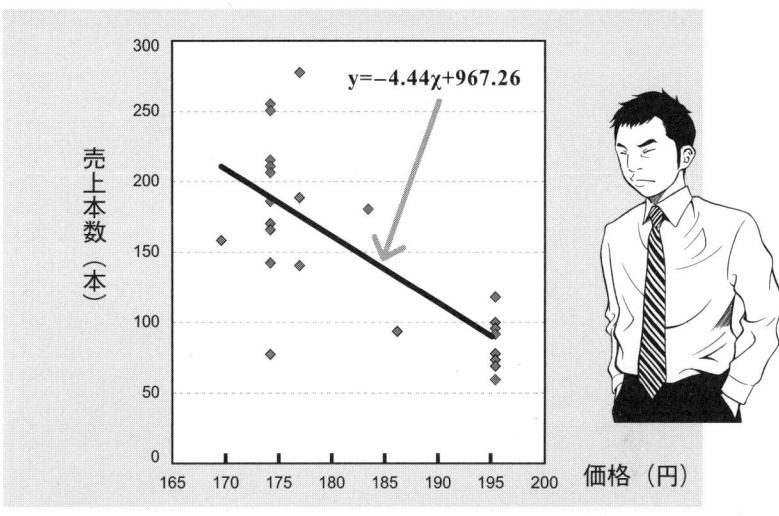

グラフ：売上本数（本）vs 価格（円）
$y = -4.44\chi + 967.26$

Mission 7 売上を改善するヒントを探す

図のように
点（実測値）と
線（予測値）とのズレが
あるということは、
説明できていない部分が
あるということなんだ

この説明力を
確認するのが
R^2
だな

統計力 UP!

R^2（決定係数）は、想定した原因系で説明できる結果系の大きさである。つまり、R^2を用いれば、想定した原因系（この場合価格）での説明力を知ることができる。

4 競合の販売価格は売上本数にどれだけ影響するのか

Key word 重回帰分析

▶ 原因系を2つ以上にした回帰分析は、重回帰分析と呼ばれる

　ここでは自社商品の売上個数は、自社商品の価格のみではなく、競合商品Bの価格からも影響されるという仮説を立てた。仮説を立てたときは、まずその影響の方向（±）を検討しておく。そのことによって、分析結果と事前予想が異なったときに、おもしろい結果を発見する可能性が高くなる。ここでは、自社商品の価格からの影響は−、競合商品Bの価格からの影響は＋と予想できるだろう。

　右表は、この2つの価格を取り入れた回帰分析の結果だ。なお、**原因系が2つ以上**になった回帰分析は**「重回帰分析」**と呼ばれる。

　回帰分析の結果で見るべきところは3ヵ所。まずは、R^2 は0.709と7割強の説明力に達している。前ページの結果と比べれば、自社商品の価格のみのモデルから説明力が改善されていることがわかる。第2に、両価格のp値であるが、共に0.00と0に近く、両価格は商品Aの売上個数に影響していると考えてよいだろう。そして第3に、係数を見てそれぞれの価格からの影響の大きさを確認しよう。自社商品の価格が上がると2.93個売上が減るというマイナスの影響

と、競合商品Bの価格が上がると、1.87個売上が増えるというプラスの影響とが推定されたことがわかる。つまり、競合の値上げによる追い風の大きさが明らかになったということだ。

競合の価格も加味したモデル

回帰統計

重相関 R	0.842
重決定 R^2	0.709
補正 R^2	0.684
標準誤差	36.624
観測数	26

R^2は、0.709。つまり、自社の売上の動きは、自社の価格と競合の価格から、70.9%説明できるということになる。

分散分析表

	自由度	変動	分散	観測された分散比	有意 F
回帰	2	75,257.46	37,628.73	28.05	0.00
残差	23	30,850.08	1,341.31		
合計	25	106,107.54			

	係数	標準誤差	t	p値	下限95%	上限95%	下限95.0%	上限95.0%
切片	348.76	223.76	1.56	0.13	−114.12	811.65	−114.12	811.65
自商品の価格	−2.93	0.80	−3.64	0.00	−4.59	−1.27	−4.59	−1.27
競合の価格	1.87	0.57	3.30	0.00	0.70	3.04	0.70	3.04

重回帰分析でも、もちろん予測式を作れる。係数の値を確認して式を作ってみよう。今回ならば、以下のような式になる。

売上個数
=348.78＋(−2.93)×自商品の価格＋1.87×競合商品Bの価格

統計力UP!

回帰分析では、必ずしも原因系をひとつに限定する必要はない。ここでは、自社の商品の売上個数を、自社商品の価格と競合の価格という2つの原因を加味して、モデル分析を行ってみよう。

5 当たり前の結果が出たら「外れ値」に着目する

Key word　外れ値、想定外

> データを見ると予想の売上と大きく外れる日があるようね

> なぜ分析と予想が大きく外れたのかを検討すれば何か新しいことが見つかるかもな

▶ 外れ値とは、全体傾向と異なる動きをしているデータ

　回帰分析などモデル分析は、可能な限り現実の世界を説明できるようにモデル構築をしていく。ただし、テーマや原因系の設定のしかたによっては、現実に近いものができると、「事前想定通りの結果だな」というような批判を受けることがある。実際には、事前予想に近い当たり前の結果が出るモデルは、それだけ現実的で優れているモデルなのだが、なかなかそれだけでは新しい知見が出た有効な分析だったと主張するのは難しい。

　そこで、このようなある程度当たり前の知見にとどまった際に、さらに進むべき分析方法をひとつ紹介しておこう。それは、**モデルの傾向から外れるデータ（外れ値）** に着目する方法だ。

● 「当たり前」と「予想外」の結果 ……………………………………

　右の散布図を見てもわかるとおり、予測（直線）から実測値（点）が外れるとしても、大きく外れているものと、わずかに外れているものとが混在している。

予測モデルが「当たり前」と感じているなら、大きく外れているものこそ**「想定外」**ということになる。ということは、この想定外の値になっていたケースがなぜ当たり前と感じた予測から外れるのかを検討すれば、新たな知見を得ることになるだろう。なお、その際、外れ方が予想より大きかったケースと小さかったケースがあることを念頭に置こう。

●外れ方の大きさによる検討

大きいケースと小さいケースに共通する要因、つまり予測自体が当てはまらなくなってきているのか、それとも上に外れる場合と下に外れる場合で何か要因が異なるのかを検討することが重要だ。前者なら原因系の入れ替えを検討しなければならないし、後者ならその違いを説明しうる原因系の追加を検討しなければならない。

外れ値への着目と残差

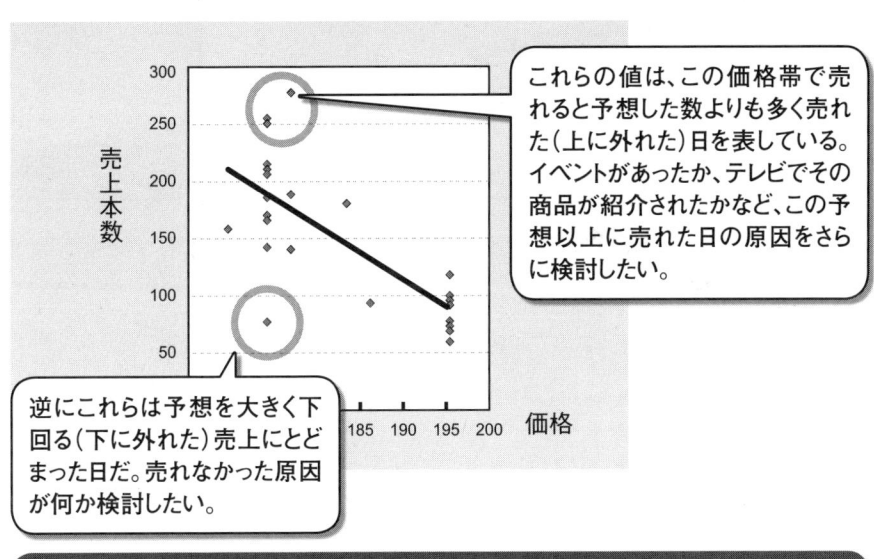

これらの値は、この価格帯で売れると予想した数よりも多く売れた(上に外れた)日を表している。イベントがあったか、テレビでその商品が紹介されたかなど、この予想以上に売れた日の原因をさらに検討したい。

逆にこれらは予想を大きく下回る(下に外れた)売上にとどまった日だ。売れなかった原因が何か検討したい。

統計力 UP!

モデル分析へのもっとも懐疑的な指摘は、「当たり前の結果が出るだけではないか」というものだ。当たり前の結果になったときでも、視点を変えれば、さらに見えてくるものがある。

そのひとつが、この外れ値への着目だ。

6 チラシの有無は売上に影響を与えているのか?

Key word 質的変数、ダミー変数

- チラシを入れると効果はあるのか?
- ダミー変数とは?
- 質的データの使い方

▶ ダミー変数を用いれば、原因系に質的なデータを採用できる

　これまでのモデルに、「チラシを出したか出さなかったか」という質的な変数を取り入れてみよう。ただし、何か適当に数値を割り振るわけにはいかない。こういった質的変数の場合、**「ダミー変数」**という変数に変換し、モデルに組み込むことになる。

　まずは、質的変数の中身を確認する。今回は「チラシ有/チラシ無」の二択だ。そして、その中のひとつを基準として選択する。たとえば、チラシ無を基準としよう。そうしたら、もう一方の「チラシ有ダミー」という変数を作成し、元のデータをチラシを出した日は「1」、そうでなければ「0」という具合に変換する。この変換した0-1の変数を用いれば、回帰分析に質的変数を取り入れることができる。ダミー変数の意味については、次項で確認しよう。

　なお、モデルに取り入れる質的変数は、「天気:晴、曇り、雨」のように3つ以上の選択肢がある場合も多いだろう。その方法については、次項で検討してみよう。

質的要因であるチラシの有無を組み込んだモデル

回帰統計

重相関 R	0.928
重決定 R^2	0.861
補正 R^2	0.842
標準誤差	25.880
観測数	26

ダミー変数の意味をしっかり理解するために、以下のケースを比較してみましょう。

分散分析表

	自由度	変動	分散	観測された分散比	有意 F
回帰	3	91,372.43	30,457.48	45.47	0.00
残差	22	14,735.10	669.78		
合計	25	106,107.54			

	係数	標準誤差	t	p値	下限95%	上限95%	下限95.0%	上限95.0%
切片	175.30	162.02	1.08	0.29	−160.72	511.32	−160.72	511.32
自商品の価格	−2.23	0.59	−3.80	0.00	−3.44	−1.01	−3.44	−1.01
競合の価格	1.98	0.40	4.93	0.00	1.15	2.81	1.15	2.81
チラシ有	51.79	10.56	4.91	0.00	29.90	73.69	29.90	73.69

自商品が200円、競合商品が200円、「チラシ無」の時の予測値
売上個数 = 175.30 +(−2.23)× 200 + 1.98 × 200 + 51.79 × 0
= 175.30 +(−2.23)× 200 + 1.98 × 200
= 125.30 本

自商品が200円、競合商品が200円、「チラシ有」の時の予測値
売上個数 = 175.30 +(−2.23)× 200 + 1.98 × 200 + 51.79 × 1
= 177.09 本

チラシ無の日は125.30本、チラシ有の日は177.09本の売上が予測できる。

統計力 UP!

ビジネスで用いるデータには、質的データも多い。モデル分析に質的データを組み込む方法を知っておけば、さらに応用範囲は拡大する。そのためには、ダミー変数の使い方をマスターしておこう。

7 天気によって売上は違うのか?

Key word　3つ以上の選択肢のダミー変数

- 天気による影響はあるのか?
- 3つ以上の質的変数の場合は?
- ひとつの基準と2つのダミー

▶ 基準とする状態を決めて、そこからのズレを考える

　ダミー変数を使えば、項目が3つ以上の質的変数でも、モデル分析に用いることができる。ここでも、まずは質的変数に含まれる項目を確認することがスタートとなる。天気を例に考えてみよう。天気にはさまざまな種類があるが、このデータには「晴、曇り、雨」の3つの項目が含まれていたとする。そこで、そのうちのひとつ「晴」を基準に選択したとしよう。そうすれば、ダミー変数は「曇りダミー」と「雨ダミー」の2つになる。この2つのダミーを他の原因系と共に用いれば、構成要素が3つ以上の質的変数でも原因系に採用したモデルになる。

　今回の例では、曇りダミーと雨ダミーの**p値**（有意確率）は小さいため、曇りであるか否かと、雨であるか否かは、売上に影響しているとは言い難いという結果である。そのため、これら係数については、実際には解釈しないだろう。

●p値が小さければ売上に影響している

　もし、これらのp値が小さければ、以下のように係数を読むことになる。
　ダミー変数の係数は、基準として用いた要素（この場合は「晴」）に対して、

どれくらい±があるかを示している。したがって、曇りダミーの係数は、晴れた場合に比べ−0.35、雨ダミーの係数は、晴れた場合に比べ−11.02ということである。あくまで対基準とした要素であることを忘れてはならない。

天気を加味した売上モデルの結果

回帰統計

重相関 R	0.929
重決定 R^2	0.864
補正 R^2	0.830
標準誤差	26.871
観測数	26

> R^2は、0.864。価格、競合の価格、チラシの有無、天気で、売上本数の動きの86.4%が説明できていることになる。

分散分析表

	自由度	変動	分散	観測された分散比	有意 F
回帰	5	91,666.249	18,333.250	25.390	0.000
残差	20	14,441.290	722.064		
合計	25	106,107.538			

	係数	標準誤差	t	p 値	下限 95%	上限 95%	下限 95.0%	上限 95.0%
切片	202.83	182.62	1.11	0.28	−178.10	583.77	−178.10	583.77
自商品の価格	−2.30	0.64	−3.61	0.00	−3.63	−0.97	−3.63	−0.97
競合の価格	1.91	0.47	4.11	0.00	0.94	2.88	0.94	2.88
チラシ有	50.97	11.18	4.56	0.00	27.64	74.29	27.64	74.29
曇	−0.35	12.49	−0.03	0.98	−26.41	25.70	−26.41	25.70
雨	−11.02	17.41	−0.63	0.53	−47.35	25.30	−47.35	25.30

> チラシの効果は51本弱。自分の価格の影響が1円あたり2.3と考えると、チラシの影響は大きいことがわかるだろう。

> 曇りダミーと雨ダミーのp値が大きいため、晴れに対して差があるとは言い切れない。つまり、天気による売上本数への影響はあるとは言えないということだ。

統計力 UP!

天気は、晴、曇り、雨など、3つ以上の状態がありうる。こういう3つ以上の選択肢がある場合にもダミー変数を用いれば、モデル分析に取り込める。

8 値引きの効果はあったといえるのか？

> **Key word** 価格弾力性

- 値引き戦略の効果は？
- 戦略成功のためには価格弾力性を求める
- 価格弾力性とは？

▶ **原因系の変化率と結果系の変化率の関係から戦略の効果の検討ができる**

　値引き戦略を立てたとしよう。値引きの割合以上に売上個数が伸びなければ、効果があったとはいわないだろう。右ページの一番上の式を見てほしい。分母は、価格の変化分÷元となる価格（戦略実施前の価格）であり、つまり**値引率**だ。それに対し、分子は、価格変化によって増加する売上量の変化分÷元となる売上個数（戦略実施前の価格での売上数）であり、**値引き戦略採用による売上の増加割合**だ。

　もしこの割り算「値引き戦略採用による売上の増加割合÷値引率」の絶対値が、1以上なら、値引き効果があったと考えられる。それに対して、1未満なら効果がなかったとなる。

●効果測定には価格弾力性を使う

　具体的な例を見てみよう。もし値引きが10％で、それによる売上の増加が10％なら、10％÷10％＝1、値引きが10％で売上の増加が20％なら20％÷10％＝2、そして、値引き10％で売上の増加が5％なら、5％÷10％＝0.5といった感じに、効果測定に使える。この値のことを**「弾力性」**といい、効果の評価に用いられる有効な指標だ。

　さて、弾力性の評価をする際に、回帰分析は、非常に有効な役割を担う。それは、右上の式の展開のように、この弾力性の式は「回帰分析の価格の係数÷（元となる売上量÷元となる価格）」という式で計算できるからだ。右下の例で具体的な計算を確認してみよう。一見難しそうだが、とても簡単に弾力性が計算できることがわかる。

弾力性の評価による戦略効果の評価

$$\text{価格の弾力性} = \frac{\text{売上量の変化分／元となる売上量}}{\text{価格の変化分／元となる価格}}$$

　値引率戦略後の売上増加の割合
　値引率

↓

$$\text{価格の弾力性} = \frac{\text{売上量の変化分／価格の変化分}}{\text{元となる売上量／元となる価格}}$$

↓

$$\text{価格の弾力性} = \frac{\text{回帰分析の価格の係数}}{\text{元となる売上量／元となる価格}}$$

Misson7 の 4 を基にした弾力性の計算

ONE POINT

①まず、売上個数を Y（結果系）、自商品価格と競合の価格を χ（原因系）にして、回帰分析をする。その結果、以下の式を得た。

y＝348.76＋(－2.93)×自商品の価格＋1.87×競合の価格

②値引き前のケースの設定

弾力性＝自商品の価格の係数(β)÷(本数/価格) なので、いくらのときにプロモーションをするかによって、弾力性は異なる。そこで例として、元の価格(値引き前の価格)を200円、競合が190円のときに値引きするケースを想定したとしよう。

③このケースでの売上個数の予測

以下の計算により、この状態での売上個数は、

y＝348.76＋(－2.93)×200＋1.87×190＝118.06個

④弾力性を求める

弾力性＝(－2.93)÷(118.06/200)＝－4.96

絶対値が1以上なので、プロモーション効果ありということになる。

統計力 **UP!**

あくまでビジネスデータ分析は、ビジネスのためのツールだ。何が明らかになれば役立つかを常に意識しておこう。

Mission 7　売上を改善するヒントを探す

おわりに

　ビジネスには、"結果"とそれをもたらした"原因"との関係を発見する力、つまり仮説構築力が重要である。ビジネスパーソンに向け、仮説の重要さを説いた書籍がたくさんあるのもそのためだ。

　では、この仮説構築力を高める方法はあるのか。もちろん、多くの方法があり、"ロジカルシンキング"といった発想法も役に立つだろう。

　ただし、「仮説を作り、それを検証し、そして結果を解釈・再考すること」を繰り返すこと抜きには、仮説構築力は高まらない。ビジネスにおける仮説構築力は、書籍を読んだらマスターできるようなものではなく、実践練習が必須だからだ。

　さて、統計学の話。ビジネスパーソンに統計学の勉強をすすめるのは、単にデータから知見を導き出す力がつくからだけではない。より重要なのは、統計学のスキルを用いてデータを検討すれば、この仮説作りから検証、解釈までの流れをどんどん経験でき、仮説構築力を高められることだ。

　実際、統計学を得意としていた人が、ある時からデータ分析を必要としなくなった例を数多く見かける。統計学をマスターしていくと、仮説構築力が高まり、データ分析をしなくても、ビジネス仮説が思い浮かぶようになるのだ。「データをいじらなくても知見が得られるようになるために、データを効率よくいじる技を身につける」。これが本書の根底に流れる統計学観であり、そのために少しでも役に立つ内容があったなら幸いである。

多摩大学
経営情報学部准教授
豊田裕貴

索引

英数字

4Ps ································ 101

7日周期 ··························· 28

CSポートフォリオ ······· 83・88・92

p値 ····················· 111・121・123
　　　　　　　　　　　・125・140・150

t検定 ····················· 65・111・112

あ行

ありえそう度 ····················· 62

一元配置分散分析 ··········· 125

移動平均 ·························· 32

売上能力の比較 ················ 58

売上平均 ····················· 44・60

影響の仕方 ····················· 104

影響要因 ························ 100

折れ線グラフ ········ 18・26・29・40

か行

回帰統計 ················ 141・145
　　　　　　　　　　　・149・151

回帰分析 ················ 138・140
　　　　　　　　　　・144・146・148・152

カイ二乗検定 ············ 121・122

価格戦略 ················ 138・141

確率 ······························· 62

確率密度 ·························· 62

仮説検証 ·························· 52

仮説検定 ············· 52・64・66・106
　　　　　　　　　　・111・112・124

期間内平均 ······················ 40

季節性 ···························· 30

客単価 ······················ 42・72

キャリア ···················· 118・124

近似線 ·························· 130

クロス集計（表） ········· 118・121
　　　　　　　　　　　　　・122

係数 ···························· 140

結果系 ················ 102・108・125
　　　　　　　　　　・127・138・140・152

決定係数 ······················ 142

原因系 ················ 52・103・104
　　　　　　　　　・108・125・127
　　　　　　　　　・138・144・152

構成比 ························· 119

顧客分割 ······················ 129

顧客満足度 ····················· 84

顧客満足度調査 ············ 78・83

155

誤差	58
誤差を加味した比較	62
誤判断リスク	62・64・66・68・110・123・125

さ行

最小値	50
最大値	50
再来店意向	80・84
残差	142
残差分析	122
散布図	82・126・128・130・146
サンプル数	120
時系列調査	92
時系列データ	26・28・39・41
質的データ	106・118・127
質的変数	148・150
シナジー	105
四半期効果	28
尺度	43
重回帰分析	144
周期性	27・28・32
セグメンテーション	84
セグメント	129
切片	140
説明変数	138
説明力	142
線形回帰	140
線形近似	130・139
前同時期比較	30
相関分析	132・138
相対的	38
相対評価	44・90
想定外	147

た行

対角線	91
対平均比率	44
多項ロジットモデル	127
ダミー変数	148・150
弾力性	152
中央値	51
直線関係	132
チラシ	50・52・100・151
月効果	28
定性調査	78

定量調査 …………………… 78	表計算ソフト ……………… 17
データ期間 ………………… 70	標準化 ……………………… 48
データの視覚化………… 18・40	標準化済み調整残差 …… 122
データの分布 ……………… 86	標準化得点 ………………… 48
特売の効果 ………………… 19	標準誤差 …………………… 59
度数分布 …………………… 86	標準偏差 ………… 22・24・26・38 ・44・46・48・60・87
トレンド …………… 26・31・33	
な 行	表側 ……………………… 118
二時点の調査結果………… 92	表頭 ……………………… 118
値引き戦略 ……………… 152	標本 ……………………… 71
値引率 …………………… 152	比率 ……………… 31・87・88
年効果 ……………………… 28	不偏標準偏差 ……………… 60
伸び率 …………………… 30・31	ブランドスイッチ……… 118
は 行	ブランドポジショニングマップ ……………………91
箱ひげ図 …………………… 50	分割基準 …………………… 52
外れ値 …………………… 146	分散 ………… 20・22・26・43・125
ばらつき ………… 18・20・24・44 ・46・60・87	分散分析表 …… 141・145・149・151
比較 ……………38・52・58・90・98	分析ツール ………… 67・113・141
比較基準 …………………… 72	平均 ………… 16・18・20・23・24 ・26・38・46・89・125
被説明変数 ……………… 138	平均からのズレ …………… 18
評価基準 …………………… 72	平均線 …………………… 19・27

平均値の比較 .... 62・65・124

変更意向 118

偏差値 25

変動係数 .... 44・46

棒グラフ 86

ポジショニング 98

母集団 70

補助線 .... 19・26・130

ま行

マーケティング 98

マクロ 122

マッピング 82

満足度 .... 108・110・112

満足度−重要度調査 80

目標ポジション 100

モデル分析 .... 138・142・145
　　　　　　　　　　　・146

や行

有意確率 .... 65・66・68・72
　　　　　　　　・111・121・150

有意水準 66

要約 .... 16・19・20・88・98

要約指標 .... 38・41

予想からのズレ 42

ら行

来店人数の推移 40

リスク許容水準 66

量的データ .... 106・127・128
　　　　　　　　　　・132・138

ロジスティック回帰分析
　　　　　　　　　　　 ・127

参考文献

本書はビジネスで使う統計学の全体像を知ることを目的に書かれているため、個々の項目については割愛している点も少なくない。そこで本書によってビジネスでの統計学に興味を持たれた人のために、3人の異なる分野の著者の書籍を紹介する。

ビジネス(現実課題)と統計学を橋渡しする書籍
上田太一郎氏の書籍
◎上田太一郎(1998)『データマイニング事例集』共立出版
◎上田太一郎、渕上美喜、近藤宏、澤田千晶(2006)『Excelでできるデータ解析入門―すぐに応用できる13事例』同友館

　上記2冊をはじめ、上田太一郎先生の書籍は、事例を中心としてデータと分析を対応づけ、ある目的にはどのデータを使い、どんな分析をすればよいかを理解しやすい。使いながら覚えるという点でおすすめ。なお、道具の背後にある手法のしくみについては、本書やその他の書籍で補うとさらによい。

向後千春氏の書籍
◎向後千春・冨永敦子(2007)『統計学がわかる』技術評論社
◎向後千春・冨永敦子(2008)『統計学がわかる【回帰分析・因子分析編】』技術評論社

　向後千春先生は、自身のHPにてe-learning教材として、上記の内容を公開しており、上記2冊はその内容を書籍にまとめたもの。これらの説明は、ハンバーガーショップやアイスクリームショップでのやりとりを基にしたストーリーのある解説なので、ビジネスとデータ分析や統計学を対応づけしやすい。できれば細かな数式も読みこなしたいが、1回目はそれらを気にせずストーリーをイメージして最後まで読むと、ビジネスでの統計学の全体像を再確認できる。

統計学の本質に迫る書籍
足立堅一氏の書籍
◎足立堅一(1998)『らくらく生物統計学』中山書店
◎足立堅一(2001)「実践統計学入門」篠原出版新社
◎足立堅一(2003)『統計学超入門』篠原出版新社

　足立堅一先生の書籍は、生物統計学などの事例でビジネスと異なるものの、統計学の本質をとてもわかりやすく(場合によっては、挑発的に)解説しており、統計学の本質を数式からではなく考え方として理解する上で、是非おすすめしたい書籍。上記3冊は上から順に難易度が上がるが、『らくらく生物統計学』がおすすめである。上田先生や向後先生の本を含め、統計学の全体像がイメージできたあとに読むと、統計学の理解が一気に進むと思われる。

なお、統計学やデータ分析の書籍は膨大にあるため、もちろん上記3先生の書籍以外にも良書が山のようにある。それらをうまく活用し、ビジネスに使える統計学は、本当にハードルが低く、ただし奥が深いということを知っていただければ幸いである。本書がその一助になればこの上なく幸せである。

豊田裕貴（とよだ　ゆうき）

多摩大学経営情報学部・准教授（経営学博士）。1970年神奈川県生まれ。2003年法政大学大学院社会科学研究科経営学専攻博士課程（DBA）修了。マーケティングを専門とし、とくにリサーチに基づいたアプローチを得意としている。ビジネスに応用できる知識や技術とは何かという視点から、アカデミックな活動とビジネスの両分野で日々マーケティングに取り組んでいる。著書に『現場で使える統計学』（阪急コミュニケーションズ）、『MBA速習ハンドブック』『MBAマーケティング速習ブック』（共に共著・PHP研究所）などがある。

装幀	石川直美（カメガイ デザイン オフィス）
装画	弘兼憲史
本文漫画	フクダ地蔵
本文デザイン	プッシュ
編集協力	ヴュー企画（池上直哉　野秋真紀子）
編集	鈴木恵美（幻冬舎）

知識ゼロからのビジネス統計学入門

2010年11月25日　第1刷発行

著　者　豊田裕貴
発行人　見城　徹
編集人　福島広司

発行所　株式会社 幻冬舎
　　　　〒151-0051　東京都渋谷区千駄ヶ谷4-9-7
　　　　電話　03-5411-6211（編集）　03-5411-6222（営業）
　　　　振替　00120-8-767643

印刷・製本所　株式会社 光邦

検印廃止

万一、落丁乱丁のある場合は送料小社負担でお取替致します。小社宛にお送り下さい。
本書の一部あるいは全部を無断で複写複製することは、法律で認められた場合を除き、著作権の侵害となります。
定価はカバーに表示してあります。
©YUKI TOYODA, GENTOSHA 2010
ISBN978-4-344-90203-9 C2033
Printed in Japan
幻冬舎ホームページアドレス　http://www.gentosha.co.jp/
この本に関するご意見・ご感想をメールでお寄せいただく場合は、comment@gentosha.co.jpまで。